はじめに

歴史上「最後の植民地主義大国」である「ロシア帝国」（ソ連邦）の崩壊への過程はすでに進んでいる。その解体はソ連の対ヨーロッパ関係を根本的に変える。国内要因の圧力により西ヨーロッパへの侵攻という軍事的冒険を冒す可能性さえ否定できない――。

１９８９年、ピーター・Ｆ・ドラッカーが80歳のときに著した『新しい現実』は、その2年後のソ連崩壊、さらに今日世界が目の当たりにしている「軍事的冒険」（侵略戦争）をゾッとするほど見事に洞察している。

１９６９年に著した『断絶の時代』では、知識社会・経済、情報化社会の到来を含めて過去からのさまざまな「断絶」「分断」を論じている。２００５年に95歳で亡くなった「20世紀の知の巨人」の知恵はいまも輝いている。

私は幸運にも１９７９年、日本経済新聞の記者としてカリフォルニアの自宅を訪ねてインタビューを果たし、それ以来交流を重ね、いわば〝押しかけ弟子〟となった。その私自身が80歳を迎えたのを機会に、恩師ドラッカー氏への感謝を込めて同氏から学んだことを咀嚼しながら、その志、情熱、人となりを紹介してみたいと考えた。それが本書執筆の動機である。

ドラッカーは決してハウツー型の経営学者ではない。それどころか、「ビジネスへの関心があってマネジメントの研究を始めたわけではなく、いまでもそれほど関心はない」と述懐している（『断絶の時代』）。

同氏の関心はあくまで「人間」と、それが構成する企業、NPO（非営利組織）、さらには社会、国の「組織」にあった。その姿勢は、再三ヒトラーへのインタビューを行い、身の危険を冒しながら全体主義を分析したデビュー作『「経済人」の終わり』以来、一貫している。

ドラッカーの日本とのかかわりは、20代半ばに出合った日本画への衝撃的な感動がきっかけで始まった。ヨーロッパがナチズムに蹂躙されていくなかで「近代史における偉業」である明治維新を〝発見〟し、1959年に初来日したとき、日本の経済大国化を直観したという。日本画への関心は半端ではなく、豊かなドラッカーコレクション（「山荘《さんそう》コレクション」と名づけられている）は日本でも公開され、アメリカの大学で数年間にわたって日本文化・美術の講義を行ったほどだった。

「来世があるなら、音楽家、それも作曲家として生まれ変わりたい」と言うほどの音楽好きでもあった。今日的にいえば本物のリベラルアーツ（人文知）を身につけた思索家である。ドラッカーは95歳で亡くなるその年まで大学で講義を続けた。

本書を通して、生涯現役で、歴史と社会を観察し続けた恩師の深い思索を多くの方と共有できれば幸いである。執筆に関しては、編集者の大屋紳二氏に多くの示唆をいただいた。こころより感謝の意を表したい。

本書には、かつて私が行ったドラッカーへのインタビュー、対話を掲載した新聞・雑誌の記事も収録した。内容的に本文と重複するところもあるが、彼の生の声に耳を傾けていただきたい。インタビューでのやりとりから、同氏の性格、息づかいも感じられると期待するからである。なお、ドラッカー著作からの引用文は、著作一覧に掲載している日本語版の邦訳を使用させていただいた。

２０２３年４月

小島　明

教養としてのドラッカー　目次

第2章

人生を変えためぐり合い

第3章

時代を読む力

第4章 「マネジメント」の発明

第5章 徹底した人間中心主義

第6章 日本へのメッセージ

エピローグ

プロローグ
20世紀を観察し続けた95年

生涯現役をつらぬいた「知の巨人」

95年間の「生涯現役」をつらぬいたドラッカーは、激動の20世紀をまるまる生きた思索家であり、「知の巨人」である。

1909年11月19日、ウィーンの裕福なユダヤ系の家庭にピーター・ファーディナンド・ドラッカー（Peter Ferdinand Drucker）は生まれた。

幼年期は20世紀最悪の時代だった。4歳のときに第一次世界大戦が勃発。当時の子どもたちにとって、世界はつねに戦争に覆われていた。「戦争が終わるなんて誰も想像できない時代だった。男子にとっては、大人になることは徴兵され戦場に送られることと同義だった」とドラッカーは語っている。

1933年、23歳のとき、ドイツでアドルフ・ヒトラーが政権を掌握し、ヨーロッパ大陸に全体主義が広がりつつあった。全体主義は国家を優先し、個人の自由や権利を統制する。

ドラッカーはその2年ほど前、ナチスの政権掌握が近いと直感し、全体主義の研究を始め、ヒトラーやその右腕としてナチス政権の宣伝相を務めた反ユダヤ主義のヨーゼフ・ゲッベルスにもインタビューした。発表を準備していたのは全体主義批判の論文で、ナチスに見つかれば怒りを買うと確信してイギリスに移住。案の定、論文は発禁・焚書処分となった。

1937年、27歳のドラッカーは身の危険が迫るなか、書き上げていた処女作の原稿を抱えてアメリカに移住し、その原稿は39年4月に『「経済人」の終わり』として出版された。9月に第二次世界大戦が勃発。全体主義の起源を分析した力作は、ナチスによるユダヤ人虐殺も予感していた。のちに英国首相となるウィンストン・チャーチルが激賞し、その賛辞に感動したドラッカーは「物書き」になる決意をした。

その後、新聞記者、編集者、投資銀行家、大学教授、コンサルタントと幅広く活動し、懸命に時代観察を続けた。

ドラッカーは「マネジメントを発明した人」と目され、企業経営の著作が注目されたが、ハウツー的な経営学者ではなかった。30余の著作、多くの論文、対話のなかににじみ出るのは、歴史、文学、哲学、政治学、経済学、社会学から芸術の分野にまで及ぶ教養の広さと深さである。これこそ、真のリベラルアーツ（人文知）だと実感させられる。ドラッカー研究者のジョゼフ・A・マチャレロ、カレン・E・リンクレターが『ドラッカー　教養としてのマネジメント』（*Drucker's Lost Art of Management*, 2011）と題する大著を著したのもうなずける。

何が、このような深みと広さ、厚みがある思索家、教養人を生み出したのか。それはヨーロッパ的な知的風土全般によるが、とりわけ幼年時代の家庭環境にあった。

トーマス・マン、ジークムント・フロイト

ドラッカーが生まれたウィーンは、当時オーストリア＝ハンガリー帝国の首都であり、ヨーロッパの文化センターだった。

父のアドルフは経済学者で、帝国の貿易省長官を務め、毎週月曜日には自宅でパーティーを開いた。そこには高級官僚、学者、弁護士など多様な知識人が集まった。ドラッカーによれば、アドルフはフリーメーソンの中心人物だったという。

母は週の後半に、医学に関心のある人々を自宅に集めて医学ディナーを催した。祖母は、ウィーン・フィルハーモニー管弦楽団でピアノソロを務めた音楽家で、グスタフ・マーラーの指揮で演奏したことがあり、音楽ディナーも催された。数学ディナー、文学ディナーもあり、小説家のトーマス・マンが自作の短編小説を朗読することもあった。

アドルフは今日も開かれるザルツブルク音楽祭の創始者の一人でもあった。ドラッカーが「来世があるなら音楽家、それも作曲家になりたい」と言っていたことを思い出す。

ドラッカー家のホームパーティー参加者にはユダヤ人の精神分析学の権威、ジークムント・フロイトもいた。両親の紹介でフロイトに会ったのは8歳のときだった。ドラッカーは幼児期から日常的に知的な空気のなかにいたのである。

家庭ばかりでなく、友人が催す知的サロンにも入り浸った。ドラッカー少年は学校以外の交流から豊かな知識と教養を汲み取り、学ぶことの喜びを噛みしめたという。学ぶ姿勢は終生維持され、その著作にリベラルアーツの彩りを加えた。

◻ 社会の底流で起こっている変化を読む

ドラッカーは、経済学、社会学、あるいは経営学といった特定のジャンルの専門家ではない。著作に引用文献が少ない、データが足りないなどといった理由で、専門分野の研究者からあまり評価されないきらいがある。

ドラッカーは、特定の分野を超え、経済・社会を総合的に観察、分析する思索家であり、細分化されすぎた専門分野の基準では評価できない。彼自身、自分は「社会生態学者」だと称し、「職業は物書きだ」と言っていた。特定の理念を主唱する思想家ではなく、一貫しているのは「人間重視」の姿勢である。

私はドラッカーから自慢話を聞いたことがない。会えば謙虚さと優しさが実感できる人物だった。人間重視の姿勢は筋金入りだが、それは彼の信条であり信念であり、人に押しつける思想ではない。ドラッカーは基本的には偉大な「思索家」だった。

洞察力が高く評価されるが、「私は未来学者ではないし、予測はしない」と繰り返している。「社会の表面には現れていないが、底流ですでに起こっている変化が、根本的な潮流の変化なのか、一時的な現象なのかを見極めるだけだ」と語る。

人の動き、価値観の変化などを注視し、重視し続けたのは人口動態の観察だった。総人口も重要だが、人口構造、人口構成の変化が大事だと言う。未来学がさまざまな前提を置いて将来を論ずるのに対し、ドラッカーは人口構造の変化を継続して観察する。年齢、男女、教育レベル、所得レベルなどさまざまな角度から分析し、そこから価値観の変化をとらえた。

現在、多くの国で人口の高齢化、少子化が問題になっているが、今年70歳の人が何人いるかは70年前に決まっているし、20年後に20歳になる人が何人いるかは今年中に出生する赤ん坊の数で決まる。高齢化の最先端を行く日本についても、70歳以上の人口がどれくらいになるかは70年以上前にわかっていたことである。最近になって高齢化問題を議論している日本の行政において人口動態分析の視点が欠落していた結果というわけだ。

2000年に刊行された『プロフェッショナルの条件』の冒頭にこう書いている。

〈やがて歴史家は、二〇世紀最大のできごとは何だったというだろうか。二つの世界大戦か。原爆か。非西洋の国日本が経済大国になったことか。それとも、情報技術（ＩＴ）革命か。私の答えは、人口革命である。〉

ドラッカーの関心はつねに「人間」にあった。総人口という数字でなく、人口構成、所得、教育の状況、それから生まれる価値観の変化、違いなど、数字では表せない「人間」の姿を見つめた。

「人間」への十分な配慮を欠いた資本主義、社会主義は人々の期待を裏切った。それから生まれた社会の絶望がナチズムなどの全体主義を生むスキを生んでしまった。そうした思いから多くの著作を執筆し、人間で構成される安定して機能する「組織」社会をいかに構築するかという問題を追求したのである。

「機能的で困難に耐えうる社会の構築」の必要性を早くから論じている。多くの企業経営に関する著作を執筆しているが、関心は企業そのものよりもそれを運営する人間の役割、可能性にあった。また、企業が社会で中心的な役割を果たす組織となるにつれ、組織の研究が企業研究につながっていった。

企業だけでなく、非営利の組織にも重要な機能が期待されるようになる。そして、あらゆる組織にとってそれぞれの目的、社会的な役割がある以上、それを果たすうえで「マネジメント」が不可欠だというのがドラッカーのマネジメント論である。

◻新たな「断絶」と「分断」の時代に

「断絶」と「分断」が盛んに口にされるいまの時代に、ドラッカーの社会観察、人間観察の姿勢から学ぶべきことは多い。

今日は大変化の時代である。数年前アメリカではタイラー・コーエンの『大分断　格差と停滞を生んだ「現状満足階級」の実像』（*The Complacent Class : The Self-Defeating Quest for the American Dream*, 2017）がベストセラーになったが、日本でも〝変わりたくない症候群〟が指摘される。しかし時代は大きく変わっている。

２０２２年2月24日にはロシアがウクライナに軍事侵攻して世界を驚愕させた。台頭する中国がアメリカの覇権に挑戦し始めたとし、アメリカでは中国脅威論が高まり、米中対立が世界に波紋を広げている。世界的にポピュリズム（大衆迎合）政治が増え、民主主義が強権的政治に押され気味になっている。

フィナンシャル・タイムズ紙の外交問題コメンテーターのギデオン・ラックマンの新著『強権的指導者の時代　民主主義を脅かす世界の新潮流』（*The Age of the Strongman : How the Cult of the Leader Threatens Democracy around the World*, 2022）は、ロシア、中国、インド、ブラジル、トルコなどの「強権的指導者」の状況を活写している。１９９１年のソ連崩壊のときに語られた「歴史の終わり」論（民主主義と自由市場経済が勝利し、歴史の発展が頂点に達したとの議論）も、強権政治の拡大によって過去のものとなった。

これからの国際秩序はどうなるのか。軍事的な紛争に歯止めをかけることはできるのか。エネルギーを武器にするような経済的な手法を政治・外交手段とするエコノミック・ステートクラフト（Economic Statecraft）の問題も深刻化している。世界は新たな混迷期にある。それをどう受け止め、対応すべきか。われわれがドラッカーから学ぶべきことは少なくない。

ドラッカーは生きている

ドラッカーの友人であり、マーケティングの権威であるフィリップ・コトラーは「日本人のなかにはドラッカーはもう古いと考えている人がいるというが、むしろ何度も読み直して彼の言葉を味わうべきだ。日常の生活、ビジネスで忘れがちな大切なことを、しっかり思い出させてくれる」と指摘している。

日本ではいまも著作が書店の「ドラッカー・コーナー」に並んでいることは頼もしい。ドラッカー学会も日本で生まれた。ＮＨＫ『クローズアップ現代』が「よみがえる〝経営の神様〟

ドラッカー」をとりあげ、何度も再放送している。新聞、雑誌、テレビ、ラジオがドラッカーを特集する。

ドラッカー自身が文字どおり生涯現役だったことも話題となった。彼は、「人類史上初めて組織の寿命より人間の寿命が長くなった時代では、個人が自らの人生をマネジメントする必要がある」と論じ、自身がその範を示して注目された。

２００９年には「もしドラ」がブームになった。

岩崎夏海の『もし高校野球の女子マネージャーがドラッカーの「マネジメント」を読んだら』が、ダイヤモンド社創業以来初めてというミリオンセラーになった。公立高校の弱小野球部の女子マネージャーが書店で偶然『マネジメント』を手にし、部の意識改革をして甲子園をめざすという奇抜なストーリーである。ダメ野球部を動かしたのはドラッカーがリーダーの資質として繰り返し強調した「真摯さ」であり、さらに「責任」「貢献」だった。作品はテレビアニメになり、映画作品まで生まれた。

同じ２００９年、ハーバード・ビジネス・レビュー誌が１９８０年に組んだ「なぜドラッカーを読むのか」と題する特集が復刻版として出された。25ページもの大特集だった。そこでも、ドラッカーの思索に広範な分野をカバーする全体性（holism）と、歴史的、地理的な広がりをもつ深みのある教養（リベラルアーツ）がたっぷりしみ込まれていることが評価されている。

私自身、旧交のある大原美術館名誉館長の大原謙一郎、元文化庁長官の近藤誠一、東京大学名誉教授で西洋美術史を専門とする高階秀爾の各氏らが２０１９年に始めた一般社団法人「人文知応援フォーラム」に加わりながら、リベラルアーツがあふれる著作を味わい、楽しんでいる。

ドラッカーは生きている。皆さんとともに、その作品と人生に学び直したい。

第1章 □ ドラッカーとの出会い

カリフォルニアの自宅を訪ねて

◻ 気取らない人

新緑がまばゆい1979年の春だった。私が日本経済新聞社のニューヨーク支局で記者生活をしていたときである。

当時、日本経済新聞では高齢化社会の問題を年間テーマとして議論していた。海外における動向、議論も調査しようということになり、ピーター・ドラッカーへのインタビューを私が担当することになった。

ドラッカーは3年前に社会の高齢化を論じた『見えざる革命』を発表していた。高齢化問題をとりあげた著作としてはアメリカではおそらく初めてのものだった。もちろん、人口論の議論は古くからあるが、ほとんどは人口爆発に伴う食糧危機などの問題を論じたものだった。

数々のベストセラーを著し、とりわけ「マネジメントの発明者」といわれ、企業経営の大権威と目されていたドラッカーの住まいは、当然、大邸宅だろうと思って訪ねた。

カリフォルニア州のロサンゼルスから約50㎞の距離にある小都市クレアモントの自宅は、意外にもごく普通の会社員が住むような質素な平屋だった。庭の木は手入れがいき届いていた。約束した時間に、緊張しながらベルを押すと、すぐにドアが開き、薄茶色の背広を着たドラッカーが笑顔で迎えてくれた。

「コジマさん、いらっしゃい。遠路お疲れさま」

ネクタイを結び、背広の二つのボタンもかけていた。

大柄な姿を想像していたが、がっしりはしているものの、身長は170センチほど。

室内は素朴そのもので、高価そうな置物、飾り物は見当たらない。メダルやトロフィーの類も飾っていない。しっかりした書棚はあるが、壁には地味なデッサン風の絵がいくつかかかっている程度である。

まったく気取らない人だった。

これが、以後30余年続いた交流の始まりだった。

ドイツ語なまりのバリトン調の低い声が印象的で、ゆっくり言葉を噛みしめるように話す。「言葉の重み」を感じさせる話しぶりだった。

ドラッカーは初めて会った私に数時間もつき合い、雑談にも応じてくれた。高齢化する社会の問題について話を聴いていると、書棚から『見えざる革命』の日本語版をとりだし、サインしてくれた。

それにしても、初対面の私が受けた歓待は何だったのか。はるばるニューヨークから訪ねてきたということもあっただろう。しかし、それだけではなかった。

ほどなくして、この著作『見えざる革命』がベストセラーになるどころか、酷評され、激しく批判され、非難までされていたことを知った。

見えざる革命 *The Unseen Revolution : How Pension Fund Socialism Came to America*

人口構造の変化によって年金基金がアメリカ最大の資本家になることを指摘。その背景にある出生率の低下と平均寿命の向上はあらゆる意味において大きな革命であり、人類の置かれた状態に関する基本的な変化であると論じた。1997年に、「企業は誰のものか」を終章として加え、“*The Pension Fund Revolution*”の書名で新版が刊行された。

□ 酷評された『見えざる革命』

なぜ、『見えざる革命』はアメリカで酷評され、非難されたのか。

第一の理由は、当時のアメリカの社会風潮は若者文化の謳歌であり、社会の色は高齢化を象徴する灰色やシルバーではなく、グリーン（緑）だったこと。「アメリカは若く、老いることはない」という時代だった。だから、ドラッカーの高齢化社会論は、時代の空気と異なり、的外れの議論とみなされた。そのため、まったく売れなかった。

当時のアメリカには、『見えざる革命』とは対照的で、象徴的な現象があった。若者文化を称えたチャールズ・A・ライクの『緑色革命』（*The Greening of America*）がベストセラーとなっていたのだ。

クレアモントのドラッカー邸の庭にて（1979年）

1969年の夏、ニューヨーク州で野外コンサート「ウッドストック・フェスティバル」が開催され、40万人もの若者が集まった。ライクの著作はこの若者運動の賛歌だった。ニューヨーク・タイムズ紙の分厚い週刊特集のブックレビュー欄で、『緑色革命』はベストセラーの断然トップと紹介された。

アメリカの70年代は、伝統的、あるいは主流の文化・慣習に反発、抵抗した若者世代が、新しい価値観をもち、さまざまな運動を始めた時代だった。メインカルチャー（主流社会の文化）に対して、カウンターカルチャー（対抗文化）が台頭していた。『見えざる革命』が出版されたのは、こうしたカウンターカルチャー・ムーブメントのさなかだった。

『見えざる革命』が非難まで受けた第二の理由は、当時、米ソ冷戦のさなかだったことにある。アメリカ社会、とくに保守派といわれる層の人々は、「革命」や「社会主義」という言葉や発想を忌み嫌った。『見えざる革命』のタイトルには、「革命（Revolution）」と「社会主義（Socialism）」の二つの危険な言葉が並んでいた。

日本語版のサブタイトルは「来たるべき高齢化社会の衝撃」だが、原題では「アメリカはいかにして年金基金社会主義になったか」だった。同書の「年金基金社会主義論」は、後述するように断定的であり、過激でもあった。そのためドラッカーに対して「危険思想の持ち主だ」との声さえ生まれた。

ドラッカーの処女作『「経済人」の終わり』がチャーチルに絶賛され、アメリカでたちまちベストセラーとなったのとはまったく反対だった。

もちろん、『見えざる革命』を積極的に評価した識者もいる。その一人は、私が大学時代に読んだ経済学書の著者、コロラド大学のケネス・ボールディングだった。ボールディングは金融専門紙アメリカンバンカーで、ドラッカーを「アメリカの最高の思索家」と評した。

□高齢化を迎えたウッドストック世代

私のドラッカーとの初めての出会いは、同氏への社会の風当たりが厳しいさなかであり、しかも話題としたテーマは、批判の対象となっていた「高齢化するアメリカ」と年金基金を通じたアメリカ資本主義の「意図せざる社会主義化」だった。

彼には語りたいことがたくさんあったのだ。それが私を喜んで迎え入れた大きな理由だった。サインまでして贈られた〝売れない本〟の日本語版は、私にとって思い出深い貴重な著作となった。

このクレアモントでの出会いのあと、ドラッカーが来日するたびにインタビューしたり、食事をともにしたりするようになった。〝押しかけ弟子〟として勝手に〝恩師〟と決め、30余年の交流が始まった。思えば幸運な出会いだった。

なお、この不評で売れなかった『見えざる革命』は十数年後にわかに売れ始めた。十数年のうちにだれもが年を重ね、刊行当時若者だった世代は中年になり、アメリカ社会が高齢化している現実に気がついた。しかし、高齢化する社会を十分に論じた書物はなかったため、アメリカ社会が売れなかったこの本を〝発掘〟し、再評価し始めたのである。

チャーチルに絶賛されたデビュー作

◻ 命がけのファシズム研究『「経済人」の終わり』

ドラッカーへの私の関心は、彼の時代分析、社会分析にある。私はマクロ経済や経済政策を専門とし、企業経営は門外漢であり、あまり興味がない。アメリカの人口高齢化と年金基金社会主義を論じた『見えざる革命』が、私の接した初めてのドラッカーの本で、次に読んだのが処女作『「経済人」の終わり』だった。

『「経済人」の終わり』は１９３９年、ドラッカーが29歳のときにアメリカで出版された。テーマは全体主義で、ファシズムの起源を分析した力作である。先述したとおり、この著作を絶賛したのがウィンストン・チャーチルだった。

ドラッカーは、ヨーロッパ各国を蹂躙しつつあるナチズムを狂気の理念だと強烈な嫌悪感を抱きながら『「経済人」の終わり』を執筆した。その意図について、「多分に政治的な本だった。自由を棄てて全体主義を受け入れようという脅しに屈してはならない、自由を守る意思を固めよ、という政治的な意図をもっていた」と述懐している。

チャーチルが同書を高く評価したのはこの「政治的な意図」であり、タイムズ紙の書評で紹介した結果、同書はたちまちベストセラーになった。

チャーチルは書評を次のように始めている。

〈ドラッカーは、独自の頭脳をもつだけでなく、人間の思考を刺激してくれる書き手である。それだけですべてが許されるという存在である。〉

著述家としても評価の高かったチャーチルに絶賛されたことに、ドラッカーは感動を覚え、「物書き」になろうと決意したという。

同書刊行の翌年１９４０年、チャーチルはイギリス首相に就任し、ヒトラーのナチズムとの闘いに挑んだ。士官学校の卒業生に、ドラッカー青年のこの処女作を「人生の本として読みたまえ」と言い、卒業生への支給品に同書を加えるように指示したという。

『「経済人」の終わり』は１９９５年に新版が出版され、今日でも読み継がれている。新版の「まえがき」の冒頭で、〈本書は私の処女作である。その頃、私は一介の若者にすぎなかった。しかし本書は、一九三九年の春アメリカで出版されるや、直ちにベストセラーとなった。イギリスではさらに大きな成功を収めた。〉と述べたあと、チャーチルの評価を紹介している。ドラッカー青年がその称賛にいかに感動したかがわかる。

ドラッカー研究で名高いアメリカの月刊誌アトランティック・マンスリーのシニアエディター、ジャック・ビーティは、「鋭い観察眼と独創性にあふれ、知的かつ大胆なこの『「経済人」の終わり』は、出版後半世紀たった今でも、自分の観察力にまだ自信が持てない若者にうってつけの本であるといえよう」と評している（『マネジメントを発明した男 ドラッカー』（*The World According to Peter Drucker*、１９９８年）。

「経済人」の終わり *The End of Economic Man*

ムッソリーニ、ヒトラーの先導したファシズム全体主義がヨーロッパを覆った背景を分析した書。人間を「経済人」という概念でとらえたマルクス社会主義、ブルジョア資本主義の崩壊を踏まえ、「新しい自由で平等な脱経済至上主義社会を見つけ、発展させなければならない」と説く。１９３９年、第二次大戦が勃発する直前にアメリカで出版されベストセラーとなったデビュー作。

ドイツを脱出しイギリスへ

『「経済人」の終わり』が書かれた当時の時代状況はどのようなものであったのか。『すでに起こった未来』のなかで述懐している。

1930年代の初め、ドラッカーは新聞社で働くかたわらフランクフルト大学に籍を置き、21歳のときに博士号を取り、老教授の代役としてゼミや講義を受けもっていた。

その当時、ドイツの街頭にはナチスの姿が目立つようになっていた。「私の周囲にある社会や経済、政府、つまり文明全体が崩壊しつつあった」と危機感を高めたドラッカーは、この「病んだ時代に対抗するため」に3人の知的業績をたどる論文を書き始めた。

1人は「ヨーロッパ啓蒙主義の最後の巨人」とされるヴィルヘルム・フォン・フンボルト（1767〜1835年）。ナポレオン戦争時の大政治家であり、世界最初の近代大学として1809年にベルリン大学を創設、言語学の科学的基礎を構築した人物。もう1人はヨゼフ・フォン・ラドヴィッツ（1797〜1853年）。ドイツ皇帝腹心の職業軍人で外相を務めた。カトリック政治運動を主唱する雑誌の編集者であり、ドイツ、オランダ、イタリア、フランスなどヨーロッパ各国のカトリック政党の生みの親である。

最後の1人はフリードリッヒ・ユリウス・シュタール（1802〜1861年）。ベルリン大学の哲学教授で、ヘーゲルのあとを継いで法哲学者として活躍した、ドイツ史上もっとも優れた議会主義者とされる人物である。

ドラッカーはこの3人から多くを学び、それぞれに関する著作にとりかかろうとしたが、シュタールについての30ページあまりの小論の作成だけで終わった。

ドラッカーは、シュタール論を書くことで、自分が反ナチスであることを公にすることになったと述懐している。その論文の題名は「保守主義と愛国主義の名において、激動の1930年代における模範と教訓を示してくれる人物としてシュタールを位置づける」とやたら長く、ナチスにとって容認しがたい内容だった。シュタールは政界に影響力のある思想家で、ユダヤ人だった。

論文は、1933年にドイツの大手出版社から刊行されたが、すぐに発禁処分となって焼き捨てられた。そのときドラッカーはすでにドイツを離れていた。

ドイツ脱出を計画したのは、1933年の1月にナチスが政権を掌握したためだった。しばらくは最後の踏ん切りがつかずにとどまっていたが、フランクフルト大学におけるナチス主導の教員会議に参加したときに脱出を決断した。教員会議の異常な様子は、ドラッカーの自叙伝とされる『傍観者の時代』に生々しく描かれている。

〈フランクフルト大学は、ナチスが狙いをつけた最初の大学であった――ほかでもないそれが、ドイツの主だった大学の中で自己のリベラルな信念に最も強い自信を持っていた大学、学問と、倫理意識の自由と、民主主義への献身を誇りとしている教員団を擁する大学だったから

である。ナチスは、フランクフルト大学さえ牛耳ればドイツの学会全体を牛耳れることを知っていたのだ。〉

〈新任のナチ・コミサールは開口一番、ユダヤ人教員の大学構内への立入りを一切禁止し、三月十五日を以て全員、給与の支払なしに解雇する旨を発表した。（中略）次いで彼は、大学ではもちろん、兵舎でさえめったに聞かれない悪口雑言、猥褻語、タブー語を連発して長広舌をふるった。（中略）次いでこの新しいボスは、学部長たちを一人一人順番に指差した上で、こう怒鳴った。「貴様らは俺の言うことをきくか、それとも収容所入りのどっちかだ。判ったな！」〉

ナチ・コミサールとはナチスから派遣された将校である。

〈会議はそれから間もなく終わった。（中略）大部分の教員はわが身に災難が降りかからぬ程度の距離をユダヤ人教員との間に保って退出した――ほんの数刻前まで、親友同士だったというのに！　私は死ぬほど胸がむかついた。そして固く決心した――四十八時間以内に絶対ドイツを出よう、と。〉

ドラッカーはこの日突然、血なまぐさい、身の毛もよだつような、低劣な獣じみたものがこの世に襲いかかる未来の光景をありありと見たという。このときの悪夢が、本格的な著作『「経済人」の終わり』の執筆につながったと語っている。

コミサール、同僚教員の振る舞いに衝撃を受けたドラッカーは、勤めていた新聞社に出向いて辞表を出し、同僚に別れを告げた。

フランクフルト大学時代の救いとなり「大きな収穫」となったのは、のちに妻となるドリスとの出会いだった。国際法担当の老教授の代役でゼミを主宰したりクラスを代講したりしていたときに、国際法の博士号取得をめざしていたドリスと知り合った。

すでに起こった未来　*The Ecological Vision*

1946～92年に書いた「社会生態」に関する論文をドラッカー自らが編纂した本。「マネジメントの役割」「情報とコミュニケーション」「日本画に見る日本」など興味深い論考が並ぶ。書き下ろしの「ある社会生態学者の回想」において、自らを「社会生態学者」と定義し、その仕事は、すでに起こった変化を知覚し分析することだとしている。

傍観者の時代　*Adventures of a Bystander*

自らを「傍観者」と称し、祖母をはじめ、人生で出会った印象深い人々について語っている。心理学者フロイト、経済学者カール・ポランニー、雑誌王ヘンリー・ルース、文明批評家マクルーハン、GMのアルフレッド・スローンなどが登場。自伝的な内容になっており、自身は「他者の人生と私の時代記」という。

◻ヒトラーやゲッベルスにも取材して

ドラッカーはフランクフルト時代に、新聞記者としてヒトラーに何度か直接取材している。ヒトラーの右腕ヨーゼフ・ゲッベルスの演説を取材し、何回も直接インタビューを行った。ナチス政権で宣伝相となったゲッベルスは一方的に演説するのを好み、インタビューの約束をとることに苦労したが、ヒトラーは自分に都合のよい質問項目を事前配布するなどしていて、そのインタビューは比較的とりやすかったという。

１９２０年代～30年代のヨーロッパについての文献は、著作、回顧録、伝記、国際会議に関する専門論文、作戦や戦闘や戦場に関する文書など豊富にあった。独ソ不可侵条約の締結から１９４１年6月のヒトラーによるソ連侵攻にいたる2年間の独ソ関係に絞っても１００冊以上の著作が生まれている。

しかし、全体主義の急激な興隆を説明、分析したものは、『「経済人」の終わり』以外、一冊も見当たらなかった。ドラッカーはこうした状況を「恐るべき（知的）静寂」だと受け止めた。書名にある「経済人」とは、私の理解では当時の資本主義を擬人化した概念である。ドラッカーはこう書いている。

〈「経済人」の概念は、アダム・スミスとその学派により、「ホモ・エコノミクス」として初めて示された。「経済人」とは、常に自ら経済的利益に従って行動するだけでなく、常にそのための方法を知っているという概念上の人間である。〉

本書は、全体主義が台頭し、みるみるうちに秩序を打ちこわし既存の文明の崩壊までもたらしたのは、「経済人の失敗」だったと論じる。資本主義は繁栄と平等をもたらすはずだったが、現実には資本主義の不平等に苦しむものが増え、「約束不履行」によって信任喪失の状況を生んだと語る。

社会主義も機能不全で、これも「約束不履行」だった。キリスト教も人々の期待に応えられず、全体主義が既存の制度、理念、資本主義、社会主義、キリスト教などをことごとく打ち破っていった。この全体主義を生んだのは人々の「絶望」である、とドラッカーは結論づけた。そして、全体主義は次なる新しい人間像、社会像を描き出すことができず、ただ「経済人」を否定するだけでは永続できないと分析した。

『「経済人」の終わり』は、ドイツのナチスが同じく全体主義のソ連のスターリンと手を組む可能性や、ユダヤ人虐殺の可能性も予想している。当時、だれもが、そんなことはないという受け止め方だったが、現実にそれが起こった。

〈大衆は、ファシズム全体主義にのめり込むほどに熱烈に他のものを求める、しかもそれが現れたとき、強くすがる。ファシズム全体主義の特徴たる軍備の拡張、社会の組織化、自由の抑圧、ユダヤ人への迫害、宗教への攻撃は、すべてファシズム全体主義の強さではなく、弱さを示している。それらのものはすべて暗黒の計り知れぬ絶望に根差している。〉

〈大衆が絶望すればするほどファシズム全体主義は強固となるかに映る。しかし、ファシズム全体主義の道を進めば進むほど、彼らの絶望は深まる。そして、ファシズム全体主義の道に代わるものが示されるや、しかもそれが示されたときにおいてのみ、ファシズム全体主義のあらゆる魔術が悪夢のように消える。〉

そう論じたうえで、次のような期待、確信を述べている。

〈もし今日の我々の時代を、歴史的な俯瞰において、すなわち歴史の継続性の視点から見るなら、新しい秩序が必ずや出現するであろうことは自信をもっていえる。〉

〈「経済人」の社会が崩壊したあとに現れる新しい社会もまた、自由と平等を実現しようとすることになる。その未来の秩序において、人間の本性のいかなる領域が社会の中心に位置づけられることになるかはわからない。しかし、それは経済の領域ではない。ところがこのことは、その新しい秩序が経済的な平等を実現できるということを意味する。〉

〈すでに、今日でさえ、ファシズム全体主義の圧力のもとにあってその存在さえ否定されているはずの個としての人間が、新しい自我の確立と自由の機会を求めている。（中略）ファシズム全体主義のもとに完全に組織化されている若い人たちの間にさえ、新人文主義なるものが芽生えている。（中略）われわれは、直ちに第三の道を見つけなければならない。〉

民主主義と人権はドラッカーが重視する基本的な価値観だが、『「経済人」の終わり』から80余年たった今日、民主主義の国が減り、権威主義・強権主義の国が増え始めた。民主主義も、それをリードしたアメリカで揺らぎを見せ、ポピュリズムが強まっている。民主主義が脅かされていることに警鐘を鳴らす声が生まれている。

もしドラッカーが生きていれば

▣「経済人の倫理」を問う

今日、世界の資本主義が「強欲資本主義」「金融暴走資本主義」「格差の拡大」「地球環境への負荷」などと批判され、そのあり方が問われている。トマ・ピケティの『21世紀の資本』（*Le Capital au XXIe siécle*, 2013）における「格差拡大の現実への問題意識」が注目を集め、日本では岸田政権が「新しい資本主義」構想を打ち上げている。

１７７６年、資本主義の手引き書ともされる『国富論』（*An Inquiry into the Nature and Cause of the Wealth of Nations*）を著したアダム・スミスは、自由な競争の経済のもとで「見えざる手」が働いて経済・社会の発展がもたらされると論じた。しかし、スミスは自由競争だけを唱えたわけではなかった。

スミスにはもう一つの重要な著作がある。『道徳感情論』（*The Theory of Moral Sentiments*, 1759）である。じつは、スミスは『国富論』より同書を重視し、初版から30年の間に加筆修正を繰り返した。

その核心は、人は利己心に導かれる競争だけでなく、他人を思いやる「共感」をもち合わせているとしているところにあり、いわば「経済人の倫理」を説いている。その後、発展した自由競争の経済は、ときに暴走し、不平等を拡大させたが、それは社会が100年以上にわたって、スミス自身が重視した『道徳感情論』を無視し、忘れていたからかもしれない。同書は近年になって注目され、読まれている。

同じように、21世紀に「経済人の終わり」が生じないよう、29歳のドラッカー青年が80年以上も前に著した『「経済人」の終わり』の問題意識から学ぶ必要がある。

私が、2022年2月24日から始まったロシアによるウクライナ侵攻で思い出したのは、『「経済人」の終わり』で、注目すべき指摘をしていることだった。


〈(ソ連の西部戦線において)ウクライナは、ソ連にとってウラジオストックに次ぐ弱点である。そもそもウクライナ人は常にロシアの支配に抵抗してきた。彼らは、折り紙つきの民族主義者である。特に大戦前まともな生活をしていたかつての自作農がボリシェビキの土地政策に抵抗している。彼らはそれを、都市部の非ウクライナ人支配階級による搾取とみなしている。

もしソ連が、東西両面において同時に戦争に突入するならば、ウクライナを確保し続けるこ

とは至難である。〉

ドラッカーがほとんどまるまる生きた20世紀の前半は、大恐慌、二つの世界大戦、革命と殺戮の過酷な時代だった。第二次世界大戦後の冷戦は1991年のソ連邦の崩壊で終焉し、30年にわたって民主主義と自由市場経済がグローバルな展開を見せたが、2022年のロシアによるウクライナ侵攻で暗転し、世界は再び激動の時代に入った。

ドラッカーはまさに20世紀の時代観察者としてその深い洞察力を示し、私たちに多くの示唆を与え続けた。30年以上前、彼が80歳のときに著した『新しい現実』は、ソ連の崩壊を予測し、崩壊後のソ連（現在のロシア）が国内的な理由を背景にヨーロッパに軍事侵攻をする可能性にまで言及し、あらためて時代観察の鋭さ、洞察力を強烈に印象づけた。

新しい現実　*The New Realities*

「本書は未来学の本ではない。しかし、今後長い間現実であり続けるであろう関心、問題、争点を明らかにする」と「はじめに」にある。「政治の現実」「多元社会の到来」「経済と環境の行方」「知識社会」の4部から成り、ソ連の崩壊、東西冷戦の終結を予測した本としても知られる。

ドラッカーはいまの日本をどう見るか

2005年11月、96歳の誕生日を1週間後に控えて亡くなってから17年余りがたった今日も、その著作は世界中で読み続けられている。日本の企業、経営者も多大な影響を受け続けている。

『断絶の時代』は、今日のさまざまな不連続な「断絶」「分断」現象を示唆した。『マネジメント』は、世界の、とりわけ日本の経営者のバイブルであり続ける。それは目先の利益をあげることを期待するようなノウハウを説いたビジネス本ではない。企業だけでなく、大学、病院、NPOなど、さまざまな組織のあり方、運営の仕方について情熱をもって説いている。その視点は長期的であり、本源的であり、総合的である。

ドラッカーは、この「総合的」な思考のために、経済学、経営学、政治学、あるいは社会学といった個別の専門分野からは、「数値データが乏しい」「参考論文・資料の引用が少ない」などと言われ、十分に評価されないことがある。だが、それはあまりに専門化し、細分化した学問分野が、彼の「総合性」を判断する基準をもち合わせていないだけのことである。

私が日本経済新聞社で長い間、経済記者、論説記者を務めながらドラッカーに魅力を感じ、〝押しかけ弟子〟の格好で交流を重ね、学び続けたのは、まさにその思考の総合性、本源性、長期的な視点のゆえである。さらに、徹底した人間重視の姿勢であり、人と社会に対する暖かい目線であった。

企業経営においてドラッカーがくどいほど強調したのは、人はコストではなく「資産」だということだった。その資産を活かすことにより、企業は生産性をあげ、イノベーションを生み、社会に貢献することができると言い、そのためにも人の弱みでなく「強み」を見出して活かすことが肝要だと論じている。そうした発想は、晩年になってもつようになったのではなく、青年時代から一貫して重視してきたもので、まさに本物である。

日本企業の経営は長らく「長期経営」で「人材重視」とされ、「人本主義」といった評価まで生まれたことがある。しかし、バブル景気崩壊後の30余年間、日本企業の多くは目先経営になり、収益回復・確保のために人件費の削減に傾斜し、そのために非正規労働者を大量に生み出した。バブル崩壊後、とりわけ１９９８年末からの深刻な金融危機の際の緊急避難措置としてならともかく、いまだに人を「資産」でなく「コスト」とする発想から抜け出せない企業が多い。

ドラッカーが生きていたら、こうした日本企業の経営姿勢をどう見ただろうか。

ドラッカーは晩年、日本企業、日本の社会がさらなる発展をめざすなら、資産である人と知識・情報を重視し、またデジタル化を中心とした技術のパラダイム転換を直視して改革を加速するよう促していた。現実には日本のイノベーション力は低下し、国力全般の低下が止まらない。いまでもではなく、いまだからこそ、われわれはドラッカーから学び直す必要がある。

断絶の時代　*The Age of Discontinuity*

ドラッカーは今日の転換期をおよそ1965〜2025年まで続くとし、それを「断絶」と認識した。「新技術・新産業」「世界経済」「社会と政治」「知識の性格」の四つの分野に見られる断絶を分析し、読者にその状況に対する覚悟を求め、何に取り組まざるをえないかを示している。アメリカ、日本、ヨーロッパで大ベストセラーとなった。

マネジメント　*Management : Tasks, Responsibilities, Practices*

GMや鉄道会社へのコンサルティング、日本の政府機関や企業への助言などの経験から生まれた本。「マネジメント」の課題・責任・実践にかかわる基本と原則を明らかにしている。まえがきには「組織に成果をあげさせる責任あるマネジメントこそ全体主義に代わるものであり、われわれを全体主義から守る唯一の手段である」と綴られている。

第2章

人生を変えためぐり合い

三つの恋
——運命的な出会い

◻エスカレーターの上での再会

人には、人生を変えるような出会いがある。ドラッカーの人生、生き方に決定的な影響を与えた出来事としては「二つの恋」がよく指摘される。いずれもロンドンで仕事をしていたときの運命のめぐり合いである。

一つは、ドイツでナチスが権力を掌握し、ヒトラーが首相就任した1933年、23歳のドラッカーが全体主義を批判した原稿を抱えて、フランクフルトから誰も知り合いのいないロンドンに移って間もないときだった。大恐慌のさなか、新しい地で職探しに苦労しながら、大手保険会社の証券アナリストの職にありついた。事実上は見習いの仕事にすぎなかったのだが。

ある日、地下鉄のピカデリーサーカス駅で、イギリス最長といわれる木製エスカレーターの上りのレーンに乗っていると、下りのレーンに見覚えのある女性がいた。フランクフルト大学時代に知り合ったドリスだった。二人は偶然の再会に感動して手を振り合いながらすれ違った。

ドラッカーは長いエスカレーターを上りきると、下りのレーンに乗り換えた。ところが彼女も下りきると、急いで上りに乗り換えて、またすれ違いになった。こんなことを何度か繰り返し、ようやく合流できたという。

「私にとって人生最高の瞬間だった」とドラッカーは述懐している（「私の履歴書」日本経済新聞2005年2月。『ドラッカー　20世紀を生きて』所収）。

ドリスはドラッカーより少し早く渡英し、ロンドン大学に籍を置いて、国際法の教授の助手をしていた。ロンドンの地下鉄エスカレーターで再会するまで、お互いに相手のことはほとんど忘れていた。しかし、この偶然の再会で、まるで古い親友にでも出会ったように、二人はレストランで話し込んだ。二人はすぐに恋に落ちた。

この年のクリスマス、ドラッカーは故郷のウィーンで両親と過ごし、そのときドリスと離れて、自分がどれだけ彼女と一緒になりたがっているかを痛感したという。

ドラッカーは「結婚後、大事な決断はほとんどドリスがした」と言っていた。結婚後3カ月ほどでアメリカに移住する際も、なかなか移住に踏み切れないドラッカーの背中を押したのはドリスだった。

二人はなぜアメリカで暮らすことを選んだのか。

ドラッカーはロンドンでは大不況のさなかで職探しに苦労した。大手保険会社で証券アナリストの仕事を得たが、事務的で簡単な仕事が多く、それには満足できなかった。ドイツで書き上げた『「経済人」の終わり』を出してくれる出版社も見つからず、ナチズムの空気がヨーロッパ中に広がる情勢にも苛立ちを強めた。結局、ドリスと結婚したあとロンドンを離れることを決意した。

行き先はニューヨークだった。フィナンシャル・タイムズなどイギリスの大手新聞社向けにアメリカ発の記事を送る海外特派員の仕事が見つかったからだ。金融街シティにある小さなマーチャントバンク（国際金融を扱う銀行）のフリードバーグ商会で、アメリカ駐在エコノミスト兼ファンドマネジャーの仕事も得た。こうして1937年、ドラッカー夫妻は船でアメリカに渡った。

ドリスについて言えば、彼女は高齢になってもスポーツクラブに入るなど活動的だった。たしかドラッカーが90歳に近いときだったと思う。ホテルオークラで朝食をともにした際、「お元気ですね」と言うと、「いや妻のほうがもっと元気だよ。早朝からテニスをやっているよ」と笑っていた。

ドリスは90歳を超えてから、著作権関連の新しいビジネスを立ち上げたという。

ドラッカー　20世紀を生きて
２００５年２月に27回にわたって日本経済新聞に連載された「私の履歴書」を１冊にまとめた本。ドラッカー自ら人生を振り返り、成長の環境、『企業とは何か』などの著作が生まれた背景、日本に対する思いなどを語っている。

□ロンドンで受けた日本画の衝撃

ドラッカーと日本との接点になったのは、１９３４年（昭和９年）の６月、24歳のときに偶然訪れた、イギリスで初めて開催された日本画展だった。

若い銀行マンであったドラッカー青年は、仕事の帰りにロンドンのバーリントン・アーケードで催されていたロイヤル・アカデミー会員の作品展を見るつもりだった。しかし、会場を間違えて日本画展に迷い込んだ。日本政府がヨーロッパの諸都市で開催していた展覧会だった。その場で青年は、衝撃を受けるほどの感動を覚え、たちまち日本画の虜になったのである。人生を変えた「恋」だった。

ドラッカーはその後、日本画のコレクションを始め、移住したアメリカでは大学で５年間、自分のコレクションを教室に掲げながら日本画の講義も行った。「山荘《さんそう》コレクション」と自ら命名したコレクションが有名で、1986年には日本経済新聞社の主催により、東京、大阪、名古屋の3都市で「ドラッカーコレクション　水墨画名作展」が開かれた。

ドラッカーが初めて日本を訪れたのは1959年、49歳のときで、日本の経済団体、日本事務能率協会（現日本経営協会）の箱根セミナーに招かれたためだったが、「じつは、あの訪日の最大の理由は日本画の鑑賞だった」と述懐している。このときに2点の日本画を購入した。16世紀初頭の絵師・式部輝忠《しきぶてるただ》（龍杏《りゅうきょう》）筆の扇面と、江戸初期の女流絵師・清原雪信《きよはらゆきのぶ》筆の芙蓉図だった。

「ドラッカーコレクション　水墨画名作展」のプログラムに、ドラッカーは『「私達の」日本美術』という一文を寄せている。「私達の」とあえてカッコでくくっているのは、ドリス夫人も一緒にコレクションを増やしてきたからである。

24歳のときに初めて触れた日本画についてこう述べている。

〈当時私は日本についても、まして日本美術についてはまったく何も知らなかった。記憶を新たにするためにその展覧会図録を調べてみたが、それらの展示作品は、私がそれまでまったく興味をもったことのない種類のものであった。すなわち、ほとんどが大きな屏風で、派手な多彩色の装飾的な作品であり、眩惑し印象づける技術に勝っているものであった。しかしながら、私はそれまでに経験したことのないほど、この異国情緒あふれた絵画にひきつけられ、感動している自分に気が付いていた。

その六月の土曜日の午後の二時間ほどをバーリントン・アーケードで過ごしてそこを後にした時、私は自分に何かが起こったことを感じていた。美術の新しい世界を発見したというだけでなく、私自身について何かを発見したのだった。ほんのわずかではあるが、紛れもなくあるひらめきの感覚を体験したのであった。〉

〈私にとって日本が、それまで私の知っていたどこの国とも異なる歴史と文化を持っており、その特異性は同じような特徴をもつ知覚芸術にも当てはまることを理解するのに十分であった。〉

明治維新は人類の近代史における偉業だ

日本画との出合いは日本への関心を高め、少し調べていると、ほどなく「明治維新の発見」につながった。それはドラッカーに新たな感動をもたらした。

当時のヨーロッパはナチスになすすべもなく蹂躙されており、ナチズムへの強烈な危機感を抱いていたときに、かつて日本が大戦争もなく、また国民のアイデンティティも失わずに、しかも短期間で社会改革を成し遂げたことに感動したのだった。

私が東京でインタビューした際、「明治維新は人類の近代史における偉業だ」と力説していたのを思い出す。日本画の発見が明治維新の発見につながり、関心は、日本と日本社会、さらに第二次世界大戦後の日本の急速な復興へと広がっていった。

ただ、日本に関する最大の関心事はやはり日本画だった。ロンドンで初めて日本画に接してからおよそ10年後、第二次世界大戦中にワシントンDCで政府の仕事をしているときには、フリーア美術館で東洋絵画を見ながら昼休みを過ごすのが日課となっていた。

美術館は書庫の一隅の場所を与えてくれ、彼は資料写真から選び出した絵画をそこでじっくりと鑑賞することができた。ある日、学芸員に「いつも日本の絵画、とくに室町時代の水墨画を請求されていますね」と言われたという。知らず知らずのうちに水墨画の世界に魅せられていたのだった。

最初に親しんだのは禅画だった。禅画は直観的に人の内側の精神的な体験を視覚化することに成功した絵画で、風外慧薫《ふうがいえくん》、白隠慧鶴《はくいんえかく》などの日本の偉大な禅芸術家たちは、ヨーロッパの人々が失っていた充実した気力をもっていたと感じたという。

ドラッカーコレクションは、江戸期以前の水墨画、主として15、16世紀の山水画から始まって禅画が加わり、その後、18世紀から19世紀初頭にかけての文人画または南画といわれる絵画も収集された。

文人画について、貫名海屋《ぬきなかいおく》の大きな山水画や谷文晁《たにぶんちょう》の山水画は写実的であるだけでなく、自分自身の本質、すなわち全人格的なものを表現するための手段でもあり、文人画と接していれば、それだけで自分自身について学ぶことになるのだと論じている。

それにしても、24歳の若さで、日本画、それも渋い水墨画に感動する豊かな感性をもっていたことに驚かされる。

コレクションは、初めのうちは一人で進められたが、やがて妻のドリスが興味をもち、ともに研究し、鑑賞したり購入したりするようになった。「妻のほうが私以上の眼識をもち、私より厳しく、〝渋い〟見方をしている」とドラッカーは言う。

ドラッカーは、ドリスと終生連れ添い、日本画をライフワークとした。いずれも人生を変えた「恋」だったが、じつは、ドラッカーの人生にはもう一つ大きな影響を与えた運命的な出合いがあった。

作曲家ヴェルディから得た人生訓

□ 来世があるなら音楽家になりたい

ドラッカーの人生を左右した「恋」は二つではなかった。その前に人生を変える恋があった。

1927年、18歳のときのことだった。『椿姫』や『アイーダ』などのオペラ作品で知られるイタリアの作曲家、ジュゼッペ・ヴェルディによるオペラ『ファルスタッフ』との出合いである。

18歳で高校を卒業したあと、生まれ故郷のウィーンを離れてドイツのハンブルクで貿易商社の見習いとなった。父親はそのことを喜ばなかったという。

ドラッカー一家は代々、学者、官僚、弁護士、あるいは医師であり、父親は彼に大学生として勉学に専念することを期待した。ドラッカーはハンブルク大学の法学部にも籍を置いたが、父を満足させるためだけに入ったようなもので、授業にはほとんど出席せず、仕事を終えると図書館に毎日通って、英語、フランス語の本を次から次へと読み漁った。最大の楽しみは週に一回、オペラを鑑賞することだった。見習いで薄給の身だったが、大学生はオペラを無料で聴くことができた。

ハンブルクのオペラ劇場は当時、ヨーロッパの最高水準だった。ドラッカーはある夜そこで聴いたヴェルディの『ファルスタッフ』に圧倒されたのである。音楽好きの彼はたくさんのオペラを楽しんでいたが、『ファルスタッフ』を聴くのは初めてだった。この晩の感激をその後、片時も忘れることがなかった。

すぐにヴェルディについて調べてみると、『ファルスタッフ』は80歳のときにつくった最後のオペラだということがわかった。信じがたかった。18歳の彼の周りには80歳もの高齢者はいなかったので想像もできない。平均寿命がせいぜい50歳の時代だった。

『ファルスタッフ』は尋常なものではなかった。信じがたい力強さで人生の喜びをうたい上げた作品だった。ウィリアム・シェイクスピアの『ウィンザーの陽気な女房たち』をもとにしたオペラで、太った紳士が二人の金持ちの女性にまったく同じ文句の恋文を送って女性たちの怒りを買い、女性たちがこの紳士に復讐をするというストーリーである。喜劇だった。オペラの多くは悲劇で終わるが、この作品は力強い人間賛歌だった。

『ファルスタッフ』はいまでこそ頻繁に上演されるポピュラーなオペラだが、当時は滅多に上演されることがなかった。歌手にとっても、観客にとっても難解すぎると思われたからである。そんな作品に18歳の青年の感性は激しく反応した。音楽の街ウィーンに生まれ、「来世があるなら、音楽家、それも作曲家になりたい」と言っていたほどだから、普通の人とは違った感性をもち合わせていたのだろう。

80歳のときに最高の成果をあげたい

ドラッカーがヴェルディについてくわしく調べてみると、さらなる感動があった。ヴェルディは奇しくも、もう一人の音楽の巨人、ドイツのリヒャルト・ワーグナーと同じ１８１３年の生まれで、当時ともに名声も富も手にしていた。

友人たちがヴェルディに「そろそろハッピー・リタイアメントだね」とたずねると、ヴェルディはいつも「私に引退という選択はない」と言ったという。「私は完全を求めていつも失敗した。人間だけが失敗から学ぶことができる。私は、皆さん以上に失敗した。だから、学び続けなければならない」。

ヴェルディは、『ファルスタッフ』に感動したドラッカーと同じ18歳の頃には、すでに音楽家として名をあげていた。「たくさん作品があるが、どれが一番のお勧めか」としばしばたずねられたヴェルディの答えはいつも同じだった。「次の作品に期待してください」。

この返答は、ドラッカーにとって忘れられないものとなった。私がドラッカーに「どの著作が一番のお勧めですか」とぶつけると、「次の作品を待ってください」という返事が返ってきた。「消化すべき資料がトラックいっぱいある。1冊だけでなく2冊分のテーマを抱えている」と言うのだ。

ヴェルディの生き方に感動したドラッカーは「どんな仕事に就こうとも、絶えずよりよいものを生み出したい。80歳まで生きることができたら、そのときの仕事の成果を、それまでのどれよりもいいものにすることを、自分に強く誓った」という。

「日本は日本画を通してライフワークを、ヴェルディは人生の生き方を教えてくれた。ともに私の恩師である」と私に打ち明けてくれたことがある。

日本は私の「恩人」だ

◻ 日本人の個人主義

ドラッカーが日本に興味をもったきっかけは24歳のときの日本画との偶然の出合いであり、そのときの感動は彼自身、いろいろなところで語っているし、書いてもいる。先に紹介したとおりだが、この日本画への恋は、彼の生涯を通じて燃え続けた。

妻ドリスとともに蒐集した日本画はおびただしく、1986年に日本で公開された「ドラッカーコレクション　水墨画名作展」は専門家をうならせるほどのものだったが、私がいっそう驚き、感動したのは、彼の本格的な日本美術論であり、大学（クレアモント大学院大学ポモナ校）で5年にわたって日本絵画の講座を続けたという情熱である。

ぜひ、多くの人に読んでいただきたい日本美術論がある。『日本　成功の代償』に収められた27ページに及ぶ論文「日本美術を通してみた日本」である。

同書の日本語版への序文でドラッカーは次のように語っている。

〈本書の日本語版刊行にはかなりのためらいを感じる。三つの章が日本に関するものだからである。私は、日本のことをよく知らないし、外国人にとって、日本は理解が不可能だということを痛感してもいる。とはいえ私は、日本の皆さんが、外国人の目に自分の国や文化が、どのように映っているかということに関心を持っていることを知っている。そのうえ、私が日本に興味を持ち、その芸術に心を奪われ、その歴史と文化について勉強し始めてから、すでに半世紀近い。したがって私は、日本に関する三つの小論が、日本の読者の眼にどのように映ろうとも、日本の外にあって、とにかく日本についての専門家と見なされ、その助言を受け入れられている外国人、しかも日本の本当の友人である外国人が、どのような関心、見かた、考えかたを持っているかを知るうえで、少なくともお役に立つことができるのではないかと考えることにしたわけである。〉

ドラッカーはまず、日本は義理の国であり、言葉遣いは社会的関係と地位とによって細かく定められており、対立する利害関係者が経済全体のために協力する「日本株式会社」として知られていると指摘し、中根千枝の『タテ社会の人間関係』について言及している。

個人主義の欧米との対比では、まず日本の人間関係を日本の芸術を通して観察してみせる。

そこから、日本の芸術の一般的な特徴は「個人主義」だと断じる。

〈西欧においては、芸術的活動の主な時代をとってみると、どの時代にもそのときどきに一般的であった一つのスタイルがあった。例えばヘレニズム、ロマネスク、ゴチック、ルネサンス、バロックなどである。しかし、日本の芸術的活動は、どの主要な時代をとってもその特徴は多様性である。したがって、芸術の分野においては、とくに絵画では西洋の画一性と、日本の「過度の多様性」とが正に対照をなしている。〉

〈江戸時代を通じて、多様性はその頂点に達した。絵画だけでも一ダース以上の主要な流派が栄え、その下に無数の分派が存在した。この近代以前の日本の最後の大きな芸術期における華麗ともいうべき多様性は、他のどの文化圏においても比類が無いものである。〉と、日本の多様性を芸術の世界に発見している。

〈しかし、それだからといって、協力、義理、終身雇用、「家」、そして「日本株式会社」でさえも神話ではない。日本文化の中心は、人間をとりまく社会（支え合うが、同時にルールに従うことを要求する）と、自発性を要求する競争的個人主義との絶え間ない、継続的な二極性である。〉と日本の個人主義を指摘する。

〈一八世紀の日本画家たちは高度に個人主義的であるが、それでもたいていは南画、琳派《りんぱ》、四条《しじょう》などのどれかの流派に属するという意識を持っていた。ごく少数のそうでない人たち、例えば蕭白《しょうはく》、蘆雪《ろせつ》、若冲《じゃくちゅう》などは日本ではエクセントリックな人間だと言われた。もし画家がある流派でスタートして、そしてその流派を超えて成長し、自分のスタイルを編み出した場合には、そこには例えば歌舞伎の問答のような大きな違いがなければならないというのが日本の作法である。例えば長沢蘆雪はもともと円山応挙の弟子であったが、手荒な手法で師とたもとを分かったとされている。もっとも、記録のはっきり示すところでは、両者はその後も密接に協力し合い、応挙は蘆雪に対して、重要で秘密の仕事を任せたりしている。〉

日本　成功の代償　*Toward the Next Economics and Other Essays*
「環境」「定年」「技術革新」などの問題を扱った評論を13作収録。日本に関して3本の小論が収められ、「日本　成功の背後にあるもの」と「厳しい時代に身構える日本」は公的機関の目標管理と成果に関する小論、「日本美術を通してみた日本」は日本論の白眉。

日本の風景が日本人の心を形成した

ドラッカーは鋭く豊かな感受性をもって、日本の社会と生活を特徴づける「家」的な要素と、それと対照的な自発性と個人主義との関係を説明する鍵を見出そうとした。こんなエピソードも紹介している。

酒井抱一《さかいほういつ》は琳派の最後の大家の一人であるが、最初は狩野派のもとで画を習い始めた。その後は、有名な南画家だった釧雲泉《くしろうんせん》の弟子になり、次には江戸の南画家、谷文晁からも助言を受けた。文晁は若い抱一に南画にこだわらないようにと言い、尾形光琳の絵を勉強して琳派の画家になるように助言した。

ドラッカーは〈西洋の偉大な教師ならば、このように才能に恵まれた若者に対しては、『自分に合ったスタイルを見つけ出せ』と言ったであろう。文晁は『自分に合った流派を探せ』と言ったのである。〉と書いている。

ドラッカーは日本の社会と、さらに同じ個人のなかに見出した「二面性」に強い関心を示す。たとえば、装飾的、官能的でこれみよがしな二条城と厳粛なまでに単純化された桂離宮との対比、バロック趣味の人間の目にも行きすぎと思えるほど極端に飾り立てた徳川家康の霊廟である日光東照宮と家康のまったく質素な暮らしとの対比に関心を見せる。

また、〈(日本の風景画の) その風景のどこに日本人がいようか。つまり、そこに人間はいないこと、あるいは人間が自然の中でそれに従属していること、そこにまさにポイントがある。〉〈風景画は日本の心である、というのは日本の風景が日本人の心を形成したからである。〉〈日本の画家の画くところの風景は精神の中にある風景なのである。〉と分析する。

ドラッカーの美術論は、日本の神道とも結びつけて展開される。日本人がよく使う「われわれ日本人は……」という表現にも注目する。

〈この風景についての日本人の感覚は神道の一部である。神道の本当の意味するところは欧米人が真に理解することは不可能ではなかろうか。それは欧米的な意味での宗教ではないことは確かである。それが宗教となったのは一八六七年以降のことである。明治政府は国家神道という化け物を創造したが、それは西洋における宗教の役割に相当するものを日本も持たなければならないという発想からであった。もっと古く、そして一般的であったのは神道の神社と祭礼であるが、それとともに神道の感覚というものがある。これは環境としての日本のユニークさの感覚である。この場合環境といっても私は人間の環境のことを言っているのではない。それをはるかに超えた何物かである。それは人間や動物や、植物や岩にとっての環境でもあるが、それとともに超自然的なもの、宇宙を支配する力を取り巻く環境である。それはユニークであるとともに、それ自体で完結しているものである。それとそれ以外との違い、それが「われわれ日本人は」の中味である、その言葉の根底にあるものは、日本がユニークだとする感覚であり、日本は日本だということである。この意味が風景画の中に表わされている。〉

〈「神道」という言葉の最善の訳語はおそらく精神性ということではなかろうか。〉とも言う。

〈私は日本人が事実ユニークであると言っているのではない。私は日本人が、自分たちのことをユニークだと考えていると言っているのである。〉〈彼らが自分たちを他と違うと感じるのは、この彼らの魂の風景の中においてのみ安心していられるからである。アメリカやヨーロッパにいる外国人留学生の中で、日本人だけは、少数の例を除いて、一刻も早く故国に帰りたいと願っている理由はたぶんこのあたりにあるのではなかろうか。〉

そういえば、日本のさまざまな報告書、とりわけ政府の白書類では、「日本は」でなく「我が国は」という表現がなされている。「我々は」も多い。『経済財政白書』も「我が国経済は」で始まる。英文に翻訳したら、どこの国の白書かわからない。このことは、私自身、以前から不思議に思っていた。

ともかく、この日本美術論は刺激的であり、啓発的だ。一読を重ねてお勧めしたい。

日本の絵画は空白が支配している

「空白の支配」についての見方も興味深い。このことは、私とのインタビューでもドラッカーが何度も言っていたことだ。

〈ほとんどの日本の風景画は日本人の美意識を示すものとして使うことが可能である。一五世紀の絵画はことさらに中国風の真似をしたし、一八世紀の南画も同じであった。〉

〈（日本の作品を中国の作品と比べると）技術は同じであり、筆の使い方も同じであり、墨の濃淡も同じである。そして全体としての画には違いがあるのである。その違いをつくっているのは、日本人の美に対する感覚である。日本の絵画は空白が支配している。画布の大部分が空白であるということだけではない。空白が絵の構図を決めるのである。それはたいていの中国人のする方法と正反対である。〉

〈もしこのような美意識を西洋や中国の絵画の美意識と対照して定義するとすれば、西洋の絵画は幾何学的であるということである。（中略）他方中国の絵画は算術的である。（中略）それらに対して、日本の絵画は位相数学的である。（中略）それは何が空間を規定しているかではなくて、空間が何を規定しているかということの学問である。日本の画家はその美意識において位

相数学的である。彼はまず最初に空間を見て、それから次に線を見る。彼は線から書き始めるのではない。〉

達磨《だるま》の絵に関連して彼が指摘する「10分と80年」のエピソードについても紹介しておきたい。日本画へのほれ込みようと、深い研究が推しはかれるからだ。

〈一八世紀の偉大な禅僧であった白隠慧鶴は、禅宗の始祖である達磨の絵を画くのにどれだけの時間がかかったかと聞かれたとき、「十分と八十年」と答えたという。〉〈（達磨の絵は）精神的な自画像である。〉〈達磨を画くほどの人間になるためには、それだけの長い精神的な自己開発が必要だということである。〉〈画家の技術がどれほど優れていても、もし彼に精神の質がともなっていなければ、達磨もそれを欠いたものになるであろう。〉

◘「日本は私にライフワークを与えてくれた」

ドラッカーの日本発見は偶然のことだったが、本人は「日本との出合いは運命的な出合いであり、日本は私にライフワークを与えてくれた〝恩人〟だ」と言っていた。

運命的な出合いとは先述したとおり24歳のときのロンドンでの日本画展だった。18歳のときにシェイクスピアの『ウィンザーの陽気な女房たち』を原作としたヴェルディの『ファルスタッフ』から受けた感動と同様、美術、音楽に対するドラッカー青年の感覚には驚くべき豊かな感受性がある。

日本画が日本発見につながり、とりわけ明治維新の発見が感動的だったとドラッカーが何度も言っていたことを思い出す。のちに全体主義批判の『「経済人」の終わり』を執筆した、ナチズムに蹂躙されるままのヨーロッパの状況への危機感を抱いていたドラッカー青年に、明治維新が貴重な「光」と「希望」を与えたからだろう。それは「明治維新は大戦争も大虐殺もなく、かつ社会のアイデンティティも失わず短期間で根本的な改革を成し遂げた近代史における偉業だ」とする彼の言葉に込められている。

日本画展から始まった日本発見のあと、日本の経営者グループに招かれて訪日したのは、「じつは日本の美術館巡りのチャンスだと思ったからだ」と言っていたが、訪日は戦争による荒廃から必死に立ち直ろうとしていた日本経済の復興過程を実感させ、ドラッカーの関心を美術から経済・社会、企業経営へと向かわせた。欧米、とりわけアメリカの企業、企業経営への関心が日本企業への関心へと広がり、彼の著作に比較研究も加え、厚みをもたせた。

「人」への視点を重視するドラッカーにとって、日本の社会、さまざまな組織が貴重な研究対象となった。中根千枝の『タテ社会の人間関係』から川端康成の『雪国』、夏目漱石の『こころ』などの文学、さらにさまざまな歴史書も読み込んだ。ドラッカーコレクションを生むに至る室町時代の水墨画や書家からも日本を学んだ。こうして、日本との接点は驚くべき広がりを見せた。

第3章 時代を読む力

アメリカこそが唯一の社会主義国である

◻ 年金基金社会主義の登場

私が1979年の春、ドラッカーに会ったときにテーマとした『見えざる革命』の第1章は、「年金基金社会主義の実現」と題するアメリカ社会主義論だった。

〈社会主義を労働者による生産手段の所有と定義するならば（これこそ、社会主義の本来かつ唯一の定義である）、アメリカこそ史上初の真の社会主義国である。〉という刺激的な書き出しで始まる同章は、人口の高齢化に伴って膨張した年金基金が企業の株式に投資され、大衆株主に支えられてきたアメリカの資本主義が、年金基金という急速に巨大化する機関による所有にシフトし、いつの間にか社会主義化したプロセスを詳細に分析している。

〈いまやアメリカにおいて、民間企業の被用者は、企業年金を通じ、全産業の株式の少なくとも四分の一を所有する。それは、全産業を支配しうる規模である。さらに自営業者、公務員、教職員の年金基金が、少なくとも全産業の株式の一〇分の一を所有する。したがって、アメリカの労働者は全産業の株式資本の三分の一を保有する。

年金はその株式所有をさらに伸ばし、一九八五年（あるいはそれ以前）において、全産業の株式資本の六割を保有することになる。〉

〈アメリカが社会主義化したのは、選挙や階級闘争によってではない。いわんや革命の暴力によってではない。搾取してきた者からの没収の結果でもなければ、資本主義の矛盾による危機を契機としてでもない。それはもっとも革命的ならざる人物、アメリカ最大のメーカーGM（ゼネラル・モーターズ）のCEO（最高経営責任者）によってだった。〉と指摘し、アメリカの社会主義化は、1950年にGMのチャールズ・ウィルソン会長が、全米自動車労組に対してGMの従業員のための年金基金の創設を提案したのが始まりだったと紹介している。

◻「若者の時代」の終焉

アメリカではGM型の年金基金が1950年ごろからどんどん増え始めた。そうしたなかで、ニューヨーク株式市場が打ち出したのが「大衆資本主義」の構想だった。被用者（雇われている人）が株を保有できるようにして彼らを資本家にしてしまおうとする構想である。一般大衆のすべてが、自ら意思決定を行い、それぞれ株式を購入するようになるという、いわば民主主義の株式市場版ともいえる構想だった。

しかし、これは「あまりに無邪気な考えだった」とドラッカーは述懐する。ウィルソン会長の提案から25年後、『見えざる革命』を著した時点で明らかに実現されたのは、大衆資本主義ではなく「年金基金社会主義」だったというわけである。この時点で、アメリカの資本市場は1000〜1500の企業年金によって支配され、その意思決定は経済専門家、財務アナリストなどからなる数百の資産管理チームに委ねられていると指摘する。

アメリカが年金基金社会主義となった背景にあるのは、もちろん人口の高齢化である。アメリカ社会が「若者の時代」を謳歌し、カウンターカルチャーが大流行していた1960年代、70年代にも、人口構造は高齢化が進行するかたちで変化していた。ただ、人口構造の変化は日々の動きとしては認識しにくい。しかし、5年、10年刻みで見ると、顕著な変化が観察できる。ゆっくりと、しかし着実に進行するのが人口構造の変化であり、高齢化である。短期的に観察しにくいために〝見えざる〟革命となるわけだ。

ドラッカーは『見えざる革命』のなかで、ベストセラーとなったチャールズ・ライクの『緑色革命』に触れて、次のように指摘している。

〈若者革命なるものが、一九六〇年代の終わりから七〇年代初めにかけて説かれた。たとえばチャールズ・ライクのベストセラー『緑色革命』（一九七〇年）である。しかし当時でさえ、若者革命なるものが短命にすぎないことは明らかだった。これが声高に説かれていた六〇年代の終わりには、すでに少子化が一〇年続いていた。

あらゆる先進国において、一九六〇年ないし六一年から、出生率の劇的な低下が始まっていた。その結果、七〇年代半ば以降は、一〇代の人口が急速に減少し始めた。若者文化は、一時的な現象にすぎなかった。

そのころ起こった永続的な変化、真の革命と呼べるものは、六五歳以上人口が新たに人口構造の重心になったことだった。この変化を変えるものは、核戦争やペストの流行などの大災厄以外にない。〉

『見えざる革命』が著されてから半世紀近くがたった今日、人口高齢化、少子化は誰の目にも「見える」大変革となった。にもかかわらず、多くの国の政策、制度は人口爆発時代の発想から抜け出せず、目先指向を強める政治家はこの新しい現実を直視しようとしない。ドラッカーが指摘するように、この大変化の先頭を行く日本が、高齢社会にどう対応し、有効な少子化対策を打ち出せるか、世界が注目している。

ガルブレイスの『ゆたかな社会』の誤り

□「ゆたかな社会」は神話だった

ドラッカーは『見えざる革命』で人口高齢化問題をとりあげるなかで、1958年に出版され、日本でも大ブレイクしたジョン・K・ガルブレイスの『ゆたかな社会』（*The Affluent Society*）に対して、「豊かな社会は神話でしかなかった」と厳しいコメントを加えている。

ガルブレイスの著作の主張にはポイントが二つあると見る。

すなわち第一に、アメリカ経済はいまや、ありとあらゆるものを生産できるまでに到達し、経済的制約は消滅してしまったか、あるいは少なくとも当面は問題とならなくなった。第二に、政府のサービスや公共事業に対する支出を節約しなければならないという伝統的な考え方は不当であるのみならず怒りをおぼえさせる――との主張である。

ドラッカーは、この『ゆたかな社会』ほど大きな影響を与えた経済文献はほかにないという。実際、ガルブレイスの考え方の基本は、2年を経ずしてアメリカの経済政策の基礎になった。ジョン・F・ケネディが大統領に選ばれて以来、二つの公理が政策の基礎となった。第一は「経済的にアメリカは何でもできる」、第二は「公共部門の支出は望むだけ増やすことができるし、増やすべきだ」というものである。

このガルブレイスの考えを映じた格好で、アメリカの公共支出は顕著に増大した。『ゆたかな社会』が発表された当時、700億ドル程度だった連邦政府予算は1975年には上限3750億ドルに近づいた。そのときの議論の重点は、この上限が低すぎないかということにあったという。「それをやるだけの余裕があるか」といった議論はほとんどなく、そういう問いは「愚問とまでは言わないにしても、不適切だ」とされる空気だった。

しかし、『見えざる革命』が刊行された時点では、財政危機が連邦政府レベルで、さらに地方政府レベルではより深刻な問題に転じていた。生産力の限界、制約も表面化し、「豊かさの幻想」が露わになっていた。

ドラッカーはガルブレイスの描いた社会が幻想に終わった原因を点検し、人口構造の変化にこそ原因と問題があると断定した。その変化とは高齢人口の急増である。

経済の生産性を支える若い就業人口の減少、就業年齢を過ぎた高齢者を扶養する負担の増加、そして就業人口への負担の増大が、経済の停滞と大きな政府への反発をもたらした。私がドラッカー宅を訪れた1979年には全米に「納税者の反乱」と呼ばれる動きが広がっていた。

その発端は前年、1978年6月、カリフォルニア州の住民が減税を求めた住民投票において、2対1の大差で提案13号（プロポジション13）を可決したことだった。この提案は「税の制限――住民発案による憲法修正」と呼ばれ、「納税者の反乱」（taxpayer's revolt）、「減税地震」（tax quake）として全米に衝撃を与えたのである。

◻ 人口構造の歴史的変化

ドラッカーの著作で感銘を受けるのは分析力に基づく洞察だけでなく、その博覧強記ぶりである。歴史的なエピソード、史実を随所に示しながら、議論する課題の歴史的な位置づけをして興味と説得力を与える、文学や芸術についての豊かな知識があふれている。

『見えざる革命』には、年金基金社会主義論の根幹をなす人口構造分析の項に、こんな記述がある。

〈アドリア海のザラという港町の一五九一年の人口統計でも、五〇歳未満が労働力人口とされている。五〇歳以上は、全人口一万三四四一人のうち三六五五人、四〇人に一人だった。六〇歳以上、さらには六五歳以上の人間など、ほとんどいなかった。〉

そうした時代と対比して、〈今日、先進国には六五歳以上の人間が人口の一割以上いる。五〇歳を超える者は、全人口の四分の一以上、成人人口の四割を占める。〉と歴史的な変化の大きさを強調して見せる。また、〈一九世紀の半ば、バルザックは小説『三十女』において、三〇代の女性を老境に入りつつある者として描いた。〉と指摘する。

日本についても触れている。〈半世紀前、高齢者の急増を受けて日本が定年制を設けたとき、平均寿命は五〇歳以下だった。そこで定年は五五歳に定められた。〉

私がインタビューしたとき、この日本の55歳定年について、彼が「日本で定年制が導入されたのは、90〜80年前に三井家の大番頭が55歳での雇用を約束したのが始まりで、そのとき、日本人の平均寿命は40歳代だった。つまり、死ぬまで雇用するという終身雇用を約束したわけです」と語っていたことを思い出す。

ドラッカーは『見えざる革命』をはじめ多くの著作で、人口構造の変化がもたらす影響についての分析と、それに基づく洞察を強調している。

人口構造の変化に着眼する

◻ 根源的で永続的な変化は何か

『見えざる革命』の日本語版の序文では、こんな日本分析をしている。

〈本書は、アメリカにおける人口構造の変化について述べている。しかし、それはそのまま日本にも当てはまる。

実はそれがもっともよく当てはまるのは、日本である。（中略）しかも日本の場合、独特の伝統や習慣のゆえに、その変化がもたらす影響はきわめて大なるものがあるにちがいない。〉

その理由として、出生率の低下と平均寿命の向上は、他のいかなる国よりも日本においてもっとも劇的だったことを指摘する。また、日本の経済成長の原動力は生産性の向上であり、それは就業人口の若返りによる。これからは新規若者就業者の増加は期待できず、逆の現象が起こると診断する。

就業人口の高齢化という方向での構造変化、さらにはその絶対数の減少という新しい局面に直面している日本の今後の重要課題として、国産化できるものは輸入せず、日本だけでやるという日本の経済運営（関満博氏のいう「フルセット型産業構造」）が限界を迎えると指摘している。

〈日本はこれまで、技術的に見て国産できるものは輸入しないことを基本としてきた。そのような国は日本だけであった。しかしこれは欧米人のいういわゆる保護主義ではない。これは、原材料を輸入しなければならない国として、一つの信念である。（中略）しかし、はたしてこのような政策は今後も有効たりうるであろうか。〉

〈日本がそれらの労働力を海外から大規模に輸入することなど、ほとんど考えられない。（中略）それでは、日本にできることは何か。

おそらく明日の日本は、工場を輸出して、その工場から製品を輸入するという方策をとらざるをえなくなるにちがいない。（中略）日本にとって、来たるべき変革は、第二次大戦後に見られた変革と同じように、大きくかつ激しいものとなる。〉

ドラッカーは「私は予測しない」と繰り返し述べながらも、『見えざる革命』や『新しい現実』で的確な時代分析を行い、それは見事に的中した未来予測にもなった。

そうした洞察力と予測力は、未来は現在すでに起こっている変化のなかにあるとし、さまざまな変化のなかで何が根源的で永続的なものかを絶えず観察していることから生み出される。「それは書物からは得られない。現実をしっかり直視することによって可能になる」と言う。

彼自身は「本の虫」といわれるほどの読書家だが、書物からは情報、知識は得られるが、知恵は現実、現場からしか得られないと言っている。現実でもっとも明らかなのは人口動態であり、ドラッカーの洞察力は人口構造の変化についての分析に支えられている。

□中国は「高齢人口大国」になる

『見えざる革命』に接し、ドラッカーとの初対面で議論して以来、私は人口の構造変化の実態と、それが及ぼす影響について強い関心をもち始めた。高齢化、少子化、人口減少を含む人口構造の変化についての正確な認識がなければ、あらゆる政策も企業経営も長期的には挫折する。そのことが、恩師ドラッカーから学んだことの一つである。

『見えざる革命』の刊行から半世紀近くたった現在、人口問題が多くの国の重要な政策課題として認識されている。

フランスの人口学者エマニュエル・トッドが言うとおり、「経済統計は嘘をつくが、人口統計は嘘をつかない」。トッドは、〈人口統計は、日々のニュースが伝える政治の動きや経済統計以上に、社会の根底にある動きをとらえている〉と強調し、日本の少子化と人口減少は「危険水域」に達しているとの認識を示している（『老人支配国家　日本の危機』２０２１年）。

トッドは人口変動を「地政学」と結びつけながら、中国の「極低出生率」にも注目し、〈コロナよりも衝撃を受けたニュースがある。中国の国家統計局が今年（２０２１年）５月に発表した合計特殊出生率「１・３」という数値である。これこそが今年最も重要なニュースであると私は思う。〉と指摘している（「エマニュエル・トッド大いに語る」Wedge ２０２１年10月号）。

中国は、１９７９年から続けてきた「一人っ子政策」（一組の夫婦につき子どもは１人までとする人口抑制政策）を２０１５年からは２人まで認める政策に変更した。理由は、少子化が政府の想定よりはるかに急速に進み、将来の総人口減少が深刻な問題となったことにある。しかし、出生率低下は中国の若い世代のライフスタイルと価値観の転換を背景としたもので、一度転換した価値観は短期間では変わらない。

□　若者は「寝そべり族」になった

イギリスのロンドン・スクール・オブ・エコノミクスのケント・デン教授は、「最近は『寝そべり族』が話題。若者は成功を追い求めず、自分一人の稼ぎで足る範囲の人生を楽しもう、なぜ結婚して子供を持たねばならないのか、と考えているようだ」と言う（日本経済新聞2022年6月3日付）。

韓国では、出生率低下がにわかに問題化され始めた。同国の出生率は1980年代に2を割り込み、2018年には0・98と初めて1を下回った。先進国クラブであるOECD（経済協力開発機構）メンバー国の平均である1・63（2018年）を大きく下回り、日本（2020年で1・34）よりも低下し、世界最低となった。

ロシアも人口減少が懸念されている。プーチン大統領は「人口減少は国家存亡の危機だ」として、人口拡大に執着しているといわれる。ロシアの人口は1990年まで増え続けたが、92年には社会、経済の大混乱で出生数が急減し、増加傾向にあった死亡数がそれを上回り、総人口の減少が始まった。出生数のトレンドと死亡数のトレンドが交差する転換点を、人口学者は「ロシアの十字路」と言う（連載企画「人口と世界」日本経済新聞2022年5月30日付）。

日本の人口問題に話を戻せば、日本は少子高齢化では他国に先行してきた。総人口は2008年をピークに減少を続けている。若者人口が減り、15歳から64歳までのいわゆる生産年齢人口は1995年の8716万人をピークに減少を続け、2020年には7508万人と13・9％も減少した。

第二次世界大戦後の「団塊の世代」と呼ばれた3年間（1947〜49年）に及ぶベビーブーム

世代の出生数は3年続けて260万人を超えた。これに対し、2022年の出生数は80万人を下回り79万9728人になった。80万人割れは1899年の統計開始以来初めてである。長期的には日本の最大課題は、高齢化ではなく少子化であり、それによる生産年齢人口の急速な減少である。

もっとも、当面は高齢化が一段と進行し、年金制度、財政制度に重い負担となる。象徴的なのが、日本人の平均寿命が世界最高を更新し続けていること。2020年に、男性は81・64歳、女性は87・74歳である。さらに注目されるのは、100歳以上の人口が52年連続して増え、2022年9月時点で9万526人、世界最高を更新し続けていることだ。

世界が移民を奪い合う時代が来る

ロンドン・ビジネス・スクールの2人の教授、リンダ・グラットンとアンドリュー・スコットが2016年に著した『ライフシフト　100年時代の人生戦略』（*The 100-Year Life : Living and Working in an Age of Longevity*）は、日本でたちまちベストセラーとなった。

その理由は、「長寿化に備えるためには人生締めくくりの時期への準備をするだけでなく、人生全体を設計しなおすことが大切だ」と説き、高齢化、長寿化の先頭を行く日本が、制度の面でも高齢化に対応したテクノロジーの面でも世界にモデルを提供しうると、前向きな議論をしているからだろう。

この本は日本の人口構造をよく観察している。以前は100歳まで生きる人は珍しく、100歳になると総理大臣からの祝いの手紙とともに銀杯が贈られる制度が1963年に始まったが、近年は100歳人口が急速に増え、また政府の財政状況も苦しくなり、純銀でなく銀メッキの銀杯に変わったことを紹介している。ちなみに、1963年の銀杯対象者はわずか153人だった。

2025年には団塊の世代がすべて75歳以上の「後期高齢者」となり、財政への負担も一段と重くなるが、この人口の大きな塊が他界したあとは、高齢化よりも少子化による問題の深刻さが鮮明になる。ドラッカーが、そうした日本が移民政策に消極的なままだと、総人口が急速に減り続けて「集団自殺」へ向かうと警告していたことを思い出す。トッドも同様の指摘をしている。

このように、日本を含め多くの国が人口構造の大変化に直面しつつあり、最近は地政学と関連した人口論が各国で増えている。

1972年に発表され、世界に衝撃を与えたローマクラブによる「成長の限界」論は、世界の人口爆発が続くなかで食料、資源、環境の面で経済成長は限界にぶつかるという警告だった。しかし、今日は出生率低下、人口減少がますます多くの国で進行し、その面から経済成長における格差が生まれ、地政学的な変化が生じるとする議論が多い。

　フランスの調査会社イプソスのダリル・ブリッカーらが2019年に著した『2050年世界人口大減少』（原題は刺激的で、*Empty Planet : The Shock of Global Population Decline*）は、世界が移民を奪い合う時代が来る、インドの人口は増え続け、人口が減少する中国は凋落するといった議論をしている。

　ドラッカーは、1989年に著した『新しい現実』でソ連の崩壊過程が始まっていると予言し、その根拠の一つとしてソ連の人口減少、とりわけ白ロシア人の急速な出生率低下、人口減少をあげていた。

人口動態が社会に及ぼすインパクト

若年人口の急減がもたらすもの

ドラッカーは、技術の変化が産業、経済を大きく変え、企業の経営もそれへの対応を迫られるとし、新しい経済・産業のあり方を説いた。しかし、彼がそこでもっとも重視したのは、社会全体のあり方の変化ではないだろうか。そのことは2002年の『ネクスト・ソサエティ』でしっかり論じられている。

とりわけ彼が社会観察の基本に置いているのは、人口動態の劇的な変化が社会に及ぼすインパクトである。その視点は1976年出版の『見えざる革命』以来、一貫している。最初は人口の高齢化を中心に論じていたが、1989年の『新しい現実』あたりから少子化問題を注視している。

『ネクスト・ソサエティ』では〈若年人口の急減のほうは、ローマ帝国崩壊時以来のことであるというだけでも重大な意味をもつ。〉とし、〈すでに先進国のすべてと中国及びブラジルが、人口維持に必要な出生率二・二を下回った。このことは、政治的には、外国人労働者や移民の受け入れが国論を二分する問題になることを意味する。〉と指摘している。

出生率が1・5未満だと「超少子化」水準とされる。日本のそれは2021年に1・30となり、出生数は6年連続で減少し22年に80万人を割った。これは第一次ベビーブーム期のピーク1949年の269万6000人のわずか30％である。

アメリカは2021年に出生数が7年ぶりに増えて約366万人、出生率は1・66だった。少子化対策を早くから実施しているフランスでも2021年の出生率は1・83にとどまる。先述のとおり、お隣韓国では1980年代に出生率が2を割り込み、2018年には0・98と初めて1を下回って世界最低となり、危機感が生まれている。

総人口ナンバーワンの中国が2022年3月から定年退職の年齢引上げを実施して、注目されている。中国の退職年齢は国務院（政府）の法規に定められ、原則として男性が60歳、女性幹部が55歳、一般女性従業員は50歳だが、これを今回、沿岸部の江蘇省が先陣をきって最短1年の延長を決めた。これは本人の申請が前提である。

2022年には、中国版「団塊の世代」の大量退職が始まる。同国の政府予測では、2021〜25年の退職者が4000万人を超え、生産年齢人口は3500万人減少する。いわゆる一人っ子政策が2世代にわたって続き、その間、経済の高成長が続くなかで、中国社会、とりわけ若者世代の価値観は根本的に変わったようだ。若い世代は一人っ子であることの恩恵や利点を享受している。現に出生率は、2人まで認める政策に転換した2015年の1・5から さらに低下し、1・3にまで落ち込んだ。

習近平指導部は2021年に、第3児の出産を認めたが、おそらく手遅れだろう。これからは総人口が減り、しかも人口構造が高齢化に向かう「高齢人口大国」になるだろう。中国の人口問題は、高齢化する社会に対応する制度改革がほとんど行われていないことであり、それは同国にとって将来、確実に重大な政治、社会問題となる。

中国のあるエコノミストのアンケート調査によると、9割が「3人目は望まない」と答え、そもそも「子どもはいらない」との回答が25％もあった。「14億人いる総人口は100年後には4億人にまで減る」とする北京大学研究者の分析もある（連載企画「人口と世界」日本経済新聞2022年5月31日付）。

ネクスト・ソサエティ　*Managing in The Next Society*

9・11の前に書いた論文を集めているが、2002年の出版時に、「テロ攻撃は本書の意味を倍加させたともいえる」とドラッカーは「はじめに」で述べている。ネクスト・ソサエティとは、知識が中核の資源となり、知識労働者が中核の働き手となる知識社会であり、そこでは経済が社会を決めるのではなく、社会が経済を決めるようになる。その新しい時代の到来を宣言した本。

□ 終身雇用制と移動の自由

高齢化というより、健康寿命、勤労可能寿命の長期化と少子化がドラッカーの指摘どおり、すでに世界の一大政治・社会問題となりつつある。

前者について、知識社会化の進行も重なって、社会としては雇用形態の改革が、個人にとっては第二、第三の人生を用意するなど「自らをマネジメントする」必要が生まれる、とドラッカーは強調する。日本では、「働き方改革」が政府のレベルで議論されているが、この問題が社会および個人の重大課題だと再三指摘している。

『明日を支配するもの』（1999年）では、こう論じている。

〈これまでの社会は、いかに個を尊重するにせよ、あくまでも次の二つのことを当然とする社会だった。すなわち、第一に、組織は、そこに働く者よりも長命であって、したがって第二に、そこで働く者は組織に固定された存在であるということを当然としていた。ところが、自らをマネジメントするということは、これと逆の現実にたつ。働く者は組織よりも長命であって、知識労働者は移動する存在である。〉

〈第二の人生の用意が必要であるなどということは、誰にも心構えのできていない革命的な変化である。退職制度を含め、既存のいかなる制度も想定しなかった事態である。アメリカ以外では、今日にいたるも、働く者は組織を動かないことが前提とされている。これを安定と称している。〉

〈この問題に関しては、今後最も困難な試練に直面している先進国が、この五〇年間、社会として最もうまく機能してきた日本である。日本は、働く者が動かないようにすることによって、社会として歴史上類を見ない成功をおさめてきた。それが終身雇用制だった。終身雇用制のもとでは、個々の人間をマネジメントするのは、明らかに組織のほうである。個々の人間は動かないことを前提としている。働く者は、あくまでもマネジメントされる存在だった。

私は、日本が、終身雇用制によって実現してきた社会的な安定、コミュニティ、調和を維持しつつ、かつ、知識労働と知識労働者に必要な移動の自由を実現することを願っている。

これは、日本の社会とその調和のためだけではない。おそらくは、日本の解決が、他の国のモデルとなるであろうからである。なぜならば、いかなる国といえども、社会が真に機能するためには、絆が不可欠だからである。〉

こうした警告にもかかわらず、日本の人口問題に対する政策は目先的であり、政治は投票率が高い高齢者の声ばかり聞く「シルバー・デモクラシー」に傾斜している。難題先送りのつけを払わされる若者世代がもっと自覚し、政治への関心を強めるべきだが、後述する「日本は若者から変わる」というドラッカーの期待は裏切られているのかもしれない。

明日を支配するもの　*Management Challenges for the 21st Century*

21世紀を前に「マネジメント」「経営戦略」「リーダー」「情報」「労働」などあらゆるものの変化を指摘し、新しい現実に向けて実際に行動することを呼びかけた書。「自らをマネジメントする」の章では、個人に焦点を当て、いかに自分の強みを活かすべきか、いかに第二の人生に備えるかを説いている。

「知識社会」への大転換

◻農業から知識産業への移行

ドラッカーが「知識社会」の到来と「知識労働者」の登場に注目したのは、大ベストセラーになった『断絶の時代』だった。

〈アメリカ経済は、第二次大戦までの財の経済から、知識経済へと移行した。数字の変化には驚かされる。（中略）知識労働のほうが収入が多く、安定しているために、知識への投資が、中心的な支出項目となった。知識の生産性が、経済の生産性、競争力、経済発展の鍵となった。〉〈今や知識が中心的な生産性要因となった。〉〈この一〇〇年における先進国の経済の歴史は、農業から知識産業への移行の歴史とさえ呼んでよい。（中略）今日の先進国では、知識が中心的なコストとなり、投資先となり、生産物となり、生計の資となった。〉

〈一九〇〇年頃は、知識ではなく、技能を基盤とする鉄鋼業が経済力の尺度だった。当時ならば、突然、知識労働者が全員いなくなったとしても、経済活動の現場では何の変化も感じなかったに違いない。当時、知識は必須の機能ではなく、装飾だった。今日では、経済力の基盤であり、尺度そのものである。〉

知識社会、知識経済への大転換がいかに生じたかについて、ドラッカーは、知識労働への需要が増えたからではなく、供給が増大したためだと見ている。

また、この供給増大は、平均寿命の急速な伸び、それ以上に急速な伸びを見せた「労働寿命」の結果だと分析している。この寿命の延びを背景に、学校教育が長くなり学歴が上がってきたためだと言う。いかにもドラッカーらしい、人口動態から見た分析である。

この労働寿命の延伸を背景とした知識経済では、人々の仕事への姿勢も変わり、定年制の延長を含む雇用制度の変化をもたらしつつあると指摘する。1993年に出版した『ポスト資本主義社会』という刺激的な題名の著作で、より鮮明に知識社会を論じている。

〈世界は〝歴史の境界〟を超えることがある。いま、まさにそのような転換の真っただ中にある。

そして、われわれはいま、ポスト資本主義社会へと移行し、ようやくこれまでの資本主義と国民国家の時代における社会、経済、政治の歴史を検証し、修正することができるところまできた。〉

〈基本的な経済資源、すなわち経済用語でいうところの生産手段は、もはや資本でも、天然資源でも、労働でもない。それは知識である。

富の創出の中心は、古典派経済学、マルクス経済学、ケインズ経済学、新古典派経済学など一九世紀と二〇世紀の経済学における二つの柱、すなわち資本と労働の生産的使用への配賦ではなくなる。いまや知識の仕事への応用たる「生産性」と「イノベーション」によって、価値は創出される。〉

□ 知識を集積したモノづくりへ

『ポスト資本主義社会』が刊行される2年前にはソ連が自壊する格好で崩壊し、1年前にはフランシス・フクヤマが『歴史の終わり』（*The End of History and the Last Man*）で、民主主義と自由市場経済が最終的な勝利をおさめ、歴史は発展の頂点に達したと論じた。

アメリカには「唯一の超大国」「唯一の軍事スーパーパワー」論が生まれ、その結果、アメリカ社会と政治に「自信過剰と傲慢がうまれ、その後の中国の経済・軍事力の劇的な拡大もロシアのプーチンの野心も見落とした面もある」（H・R・マクマスター『戦場としての世界』、原題 *Battlegrounds*, 2020　邦訳2021年）。

それでも、アメリカの民間は健在で、デジタル経済・社会への転換（DX化）も進展し、テスラのようなまさに知識を集積したモノづくりも発展している。日本は知識経済・社会への動きが鈍いことが指摘される。

ポスト資本主義社会　*Post-Capitalist Society*

ドラッカーは20世紀後半からの50〜60年の世界は転換期にあるとし、その時代を資本主義社会でも社会主義社会でもない「ポスト資本主義社会」と名づけた。「社会」「政治」「知識」という三つの領域における変化を明らかにし、新しい課題を提示する。そして、「いまが未来をつくるときである」「いまこそ行動のときである」と読者に呼びかける。

「成長病」は再発性の病である

ニクソンを怒らせたドラッカーの議論

刊行後半世紀たっても現在をいきいきと分析しているような超ベストセラー『断絶の時代』を著したのは1969年のことだった。同じ年に、リチャード・ニクソンがアメリカの大統領に就任した。そのニクソンがドラッカーを目の敵にした。

『断絶の時代』に1章を設けて「政府への幻滅」を露わにし、「政府の病」を厳しく論難したことに対して、「ドラッカーの見方こそ間違っている。それを証明してやる」と噛みついたのである。

ニクソンを怒らせたドラッカーの議論はこうである。

〈歴史上、今日ほど政府が突出した存在になったことはない。〉と書き出し、こう続ける。

〈政府はあらゆる所に進出している。しかし、それは本当に強力なのか。単に巨大なだけか。

政府は強力ではなく、太って巨大になっただけであり、費用はかかっても成果をさしてあげていないことを示す証拠は、山ほどある。政府に対する信頼が薄れ、幻滅が深まっていることを示す証拠も多い。まったくのところ、政府は病いにある。それも強力で健全かつ生気にあふれた政府が必要とされているこのときに病んでいる。

〈政府への幻滅の最大の原因はそれが成果をあげていないことにある。この三〇年から四〇年、政府の実績は不愉快きわまるものだった。政府が成果をあげたのは二つのことだけだった。一つは戦争をすることであり、一つは通貨価値を下落させることだった。〉

なんとも痛烈な政府批判である。

ニクソンは、紙幣の印刷や戦争の遂行以外にもうまくやっている仕事がたくさんあることを見せつけてやると息巻いた。しかし、じつのところ、ニクソン政権はインフレを進行させ、戦争を遂行し、政府に対する幻滅を深めただけに終わっている。例のウォーターゲート事件がこれに拍車をかけた。

その後、大きな政府批判が高まった。先にふれたように、カリフォルニア州では1978年の住民投票で、「納税者の反乱」「歳出の反乱」といわれる提案13号（税の制限——住民発案による憲法修正）が2対1の大差で可決された。それは「新自由主義」につながった。

政府の「六つの大罪」

1980年代、政府の介入を極力少なくしようとする「新自由主義」の波が世界に広がり、イギリスにおけるマーガレット・サッチャー首相による民営化を含むサッチャリズム政策、アメリカにおけるロナルド・レーガン大統領による規制緩和・減税・支出削減をテコとしたレーガノミクス、さらに日本の中曽根康弘首相による行政民営化といった流れにつながった。

しかし、21世紀に入ると、金融危機、通貨危機が多発し、2008年のアメリカの中堅投資銀行リーマン・ブラザーズの破綻をきっかけとしたグローバルな金融危機（リーマンショック）などもあり、新自由主義の行きすぎが問題となった。

さらに、アメリカと中国の覇権をめぐる対立、保護貿易への傾斜、直近ではロシアによるウクライナへの軍事侵攻といった事件が起こり、国境の壁が低くなる一方であった1990年代以降のグローバリゼーションの流れへの反動も生まれている。

そして、いま再びネーションステート（国民国家）の役割が意識されている。多くの国において高齢化が進み、社会保障費の増大が国家の歳出を膨張させる格好で政府が急速に大きくなりだした。

世界30カ国以上の財政改革について助言をする財政コンサルタント、マーク・ロビンソンが2020年に著した『政府は巨大化する　小さな政府の終焉』（*Bigger Government*）は、人口高齢化に伴う医療費の膨張、地球温暖化対策、インフラ不足への対応などが重なり、政府が再び急速に巨大化しだしたことに注目している。

私が1994年9月に行ったインタビューで、ドラッカーが「とびきり悪い政府は、大きくてカネがかかるうえに無能な政府だ」と言っていたことを思い出す。

ドラッカーは、組織が大きくなることを目標としすぎることを「成長病」と呼んでいる。『マネジメント』でこう述べている。

〈民間企業では、成長病は再発性の病いである。この一〇〇年だけでもアメリカでは三度発症した。一八七〇年代、一九二〇年代、一九六〇年代だった。

公的サービス機関、特に政府機関では、成長病は慢性の病いである。それらの組織が、収入を予算に依存する予算型組織であって、人員の多さと予算の大きさが、仕事ぶり、成功度、重要度の基準となっているからである。〉

『日本　成功の代償』では、「公的機関が成果をあげないための方法」という皮肉な言い方で政府の「六つの大罪」を列挙して見せた。そして、公的機関の多くはこの「六つの大罪」をことごとく犯しているが、二つ犯していれば十分だと指摘する。

六つの大罪とは――

①公的機関が成果をあげないための第一の方法は「保健」や「障碍者扶助」などのあいまいな目標を掲げること。この種のスローガンは、設立趣意書に書かれるだけの値打ちのものであり、いかなる趣旨のもとに設立されたかは明らかでも、いかなる成果をあげるべきかを明らかにしてくれない。

②第二の方法は、複数の事業を同時に行うこと。優先順位に従わなければ、努力は分散してしまう。

③第三の方法は、「肥満体は美しい」と信ずること。「贅肉」が仕事をするのではない。仕事をするのは脳と筋肉である。肥満は妨げになるだけである。

④第四の方法は、実験を行わず、独断的な信念に基づいて活動を開始すること。これは「初めから大規模にやれ、改善はそれからだ」という、今日の公的機関に一般的に見られる態度である。

⑤第五の方法は、経験から学ぼうとしないこと。自らの得意、弱点、限界、盲点を明らかにしようとしないことである。

⑥第六の方法は、「（既得権を）放棄しないこと」。これこそ、もっとも重大、かつもっともよく目にする大罪である。

□一段と大きくなりつつある政府

現在、政府への幻滅、その能力の限界が議論されるが、21世紀に入って、多くの国で政府がどんどん大きくなっている。人口高齢化に伴って社会保障・医療関係の支出が急膨張しているだけではなく、感染症への対応が政府による規制、歳出増をもたらしている。

また、産業競争力の強化を狙った「戦略的な産業政策」を各国が競い合っている。ロシアによるウクライナ侵攻も地政学的な危機意識を高め、世界の軍事支出は拡大している。

さらに、経済安全保障を確保するという視点から、各国政府が産業政策、技術政策を強化している。ウクライナ危機ではロシアがエネルギーを戦略的に利用していることもあり、かつて「石油は一般的な国際商品」だとの認識が生まれたことがあるが、エネルギーは戦略物資となって、政府によるエネルギー産業への介入が強まっている。

最近は「エコノミック・ステートクラフト（Economic Statecraft）」の議論が強まっている。これは政治的な目的を達成するために、軍事的手段ではなく経済的な手段によって他国に影響力を与えようとすることである。

こうした新しい動きによって、政府による経済・社会・産業への介入・規制の拡大と、歳出増加による政府債務の膨張という面でも、政府は一段と大きくなりつつある。ドラッカーは1993年の著作『ポスト資本主義社会』で、「ばらまき国家」への傾向を懸念している。

インタビュー1

世界経済の構造が大変化するなかで

（１９８９年10月24日　ホテルオークラにて）

１９８９年、刺激的で洞察力に富む新刊『新しい現実』が発表された直後に、私は訪日したドラッカーにインタビューを行った。

その翌月にはベルリンの壁が崩壊し、翌１９９０年には、西ドイツのシュミット首相が「私が生きている間にはありえない」と言っていた東西ドイツの統一が実現した。さらに91年には同著で洞察したソ連の崩壊が現実のものとなった。

冷戦は、ゴルバチョフ書記長がペレストロイカ（改革）、グラスノスチ（公開性）政策を打ち出した１９８５年からその終焉過程が始まっていた。アメリカ社会からソ連の軍事的な脅威が急速に後退し、かわって経済的に興隆し始めた日本による経済的な脅威がアメリカに生まれた。インタビューで指摘されたウォルフレンやファローズが日本脅威論、日本異質論を著した背景にはそうした地政学的な大転換があった。当時、世界が大変化を遂げるなかで、日本はバブル景気に浮かれていた。中国はまだ経済的な後進国で、貧困の時代だった。

その話題の著作はドラッカーがちょうど80歳になった年に出版された。インタビューの最後にぜひとも聞きたかったことは、「80歳にもなって、これほどのエネルギーと英知に満ちた大作を書けるパワーの秘訣は何か」だった。

インタビューを始めると、ドラッカーは「コジマさん、テープレコーダーは回っていますね？」と言った。彼の優しさを実感した。「テープレコーダーは大切。非常に。私がジャーナリストになった頃、テープレコーダーはなかった。メモをとることさえ許されず、記憶しなければならなかった。メモをとると、インタビューされる人の気が散るとして歓迎されなかったからです。だからインタビューが終わると、ただちにメモづくりに入った」と昔の苦労話をしながら、いつもの調子でゆっくりと言葉を嚙みしめるように話し出した。

ドラッカーは少し前から、日本は輸出するばかりであまり輸入をしない「敵対的貿易（Adversarial Trade）」を行っているという議論を始めていた。このインタビューでは、日本は対外直接投資を活発化させているが、日本への直接投資が少ないことを指摘した。日本経済自体が、グローバル化する世界経済の大潮流に乗り損なっていることを示唆していたと思われる。そうした世界経済の地政学的な変化を念頭に、発言を聞いていただきたい。

◻ヨーロッパの枠組みが大きく動く

――いまの世界をどう見ていますか？

日本の次の10年は政治が重要になるでしょう。日本は過去40年間、国際政治も国内政治も心配せずに、ビジネスと経済に専念していればよかった。しかし、そうした時代は終わりました。今後は政治がきわめて難しい変化の時期に入る。これまで日本は世界のどの国にもまして心構えができていない。そのため難しい時期に入ります。

私はいま、〝ソ連帝国〟の分解が後戻りできないかたちで進んでいると見ています。分解は日に日に進行している。10年後はきわめて危険でしょう。突然の変化も起こりえる。変化は非常に大きなものになるでしょう。

中国は、一種の軍事的スターリニズムになるか、あるいはいくつかの経済地域に分解するか、どちらかの可能性が大きい。

アメリカでは、政策の基本をつねにヨーロッパを対象としていましたが、次の10年はアメリカ自体に関心を向けなければなりません。

――政府の限界についての議論ですね？

いや、それだけではありません。政府は私の言うことを好みません。過去50年間、私の発言は政府に嫌われました。アメリカは、日本との関係では政治利益に経済を従属させすぎました。日本をソ連封じ込めの東側の砦と見立てていましたが、その必要性が弱まっています。マンスフィールド前駐日大使はいつも「日本は経済問題よりも政治利益を優先させるべきだ」と強調していました。

ヨーロッパは、極端な保護主義になりつつあります。失業を極度に恐れている。とくに西ドイツは、東欧の経済負担を引き受けなければなりませんから。こうしたなかで、日本は過去40年で初めて、いや太平洋戦争後初めて、外交政策を考えなければならなくなった。

ウォルフレンの『日本　権力構造の謎』に対して、私だけが批判的な書評を書きました。誰もが高く評価しましたが、私は違った。第一に、彼が言っていることは日本を知っている人なら誰もが昔から知っている。また、彼の結論は間違っている。彼は、日本の構造は誰もが決定を下せない仕組みだと言っているが、むしろ日本の真の不思議は、決定を下すのが驚くほどうまいということです。

日本がどうやって決定を下すか、あなたはわかりますか？　私にはわからない。だが事実、世界中で日本ほど決定を下すのがうまい国はない。日本が決定を下せないという観察はばかげています。

本の最後で、ウォルフレンは、日本ではエスタブリッシュメントがあまりに強力なので、革命でしか変革できないと言っている。25年前にイギリスとアメリカについてまったく同じような本が書かれました。しかし、現実には、両国ではたちまちエスタブリッシュメントが消滅した。そして保守的ポピュリズム、サッチャー、レーガンと続いた。これは、おもに人口上の理由からです。

アメリカの過去の選挙では、農業従事者の力が突然失われました。政治的に存在しなくなった。日本の農業人口は4％まで下がったので、日本もそうした段階に近づいています。零細小売店舗もそうです。日本の流通システムは、アメリカの1955年頃とまったく同じ状態で、5年以内に零細店舗はなくなるか、専門店に変わるでしょう。イトーヨーカドーやセブン－イレブンが小さな家族経営の店をフランチャイズに組み込んでいますが、これはアメリカの35年前と同じで、それによってアメリカでは小さな流通企業の政治的パワーが消滅した。

これから5年後、10年後、日本では政治が問題になり、同時に世界経済の構造が変化するでしょう。日本の政策も相互主義・機会を考慮するようになります。

日本では、アメリカが重要で、ヨーロッパは重要でないと思っている人が多いようです。しかし、ヨーロッパは日本を締め出そうと真剣に考えています。ヨーロッパでは日本の産業が強い分野で失業に悩んでいるからです。

製造業従事者のうち、アメリカでは自動車産業に雇用されているのは80～100人に1人ですが、ヨーロッパでは5人か6人に1人。アメリカでは1台の車をつくるのに要する人員が日本より少ない。それでも日産では1人で年間46台つくりますが、BMWはたった6台。自動車産業に従事する労働者が多いバイエルン、ミュンヘン、ケルンなどでBMWは最大の雇用者です。だから日本の輸出は抵抗を受けます。いずれ日本は困難に直面するでしょう。

——現象はいたるところにある……。

そう、いたるところにあります。2年前に中国で農場や工場を見てまわり、旅行から帰ってから日本の親しい友人にこう言いました。「インフレ圧力がすごくて、失業率もひどい。政府はまったく現実を無視している」。私がそう伝えると、日本の友人は「いや、中国は経済的に見事にやっている」と反論しましたが、私は中国で、新しく生まれた豊かな人たちと、信じられないような貧困にあえぐ人たちとのギャップを見ました。

同じく2年前、私はこう言いました。「ヨーロッパの統合はビジネスがどう動こうとも事実であり、政府がどうやろうとも変わらない」と。ビジネスは統合ヨーロッパの発想のもとに動いています。標準化を具体的にどうするかなど、いろいろな問題はありますが。

西ドイツでは、ドイツ銀行とシーメンスはヨーロッパ統合へ向かっていますが、ボッシュ、メルセデスは反ヨーロッパで、西ドイツ国内を優先している。一方、スペインでは、小さな家族企業はヨーロッパ企業になろうとし、大銀行はスペイン派です。どちらが正しいかわかりませんが、事態は急激に変わりつつあります。

一部の日本企業、アメリカ企業は明白なポリシーをもって活動していますが、ほとんどの企業には戦略がありません。日本のビジネスも大半は戦略がない。これは危険です。

今日の日本と西欧の違いは、国際経済へのインテグレーションの度合いです。日本では、トヨタ、日産、ソニー、松下、京セラなど、それと大銀行はともかくとして、ほかのほとんどの企業はそれほどうまくやれていない。

日本以外の先進国では中規模な企業も国際経済に身を置いています。統計では、西ドイツはその比率が100％近く、イギリスは50％。アメリカはイギリスより国際化していて、スペインでは30％です。日本では中規模企業はまったく国内市場依存でドメスチック。伝統的な日本の構造では、大きな財閥系のグループが経済を引っ張っていくのでそれでいいのかもしれません。しかし西欧先進国では、これではイノベーションが難しい。やはり日本も、中規模企業が世界経済で活躍できるようになることが必要でしょう。

◎『新しい現実』を書いた理由

――ところで、あなたの次のプロジェクトは何ですか？

アライアンス・マネジメント、マネジメント・ノレッジ、それと労働の歴史をまとめてみたい。

――どうやって思考力を維持しているのですか？　80歳になれば普通はボケますが。

I do hard work.

――それだけなら、日本ではみなそうです。知的労働者はハードワークだけでは能力を維持できない。

私にはあなたより有利な点があります。それは日々の締切りが少ないこと。大学で週2回教えていますが、これが私の締切り時間のようなものです。ウォール・ストリート・ジャーナルに2カ月に1回書きます。それ以外は締切りがありません。おもな仕事はコンサルティングで、週に2～3回、ビジネス、政府、ノンビジネスの人と会って彼らの話を聞きます。

ここ20年間、この仕事のペースは落ちていません。難しいことではありません。ただ、窓の外を眺めるだけでいい。本当ですよ。

私は10歳のとき、父と一緒に毎週、父の友人の編集者会議に出ました。これが素晴らしい教育になりました。隅のほうで聞いていると、いろいろな見方がわかる。これは、胸のわくわくすることでした。ある人がドイツで経済週刊誌を始めて、私は彼のもとで働きました。そのときこう言われました。「リポーターは人々の言うことをよく聞け。そして、それが事実かどうか自問せよ。聞き、見たことを分析せよ」。私は編集者会議に出て、そこで窓の外を眺めていました。

――長時間労働と勤勉とは違うということですか？

私もときには長時間働きます。今回、日本ではトップマネジメントとの会議などに参加しますが、そのために準備しなければなりません。会議ではこちらから数多く質問します。質疑から洞察が生まれますから、その準備に時間をかける。

私のかけだしの頃のことをお話ししましょう。夕刊紙に勤めていて朝が早かった。6時10分過ぎに出て市街電車に乗ったのですが、編集長は「6時前に来ないのなら、来る必要がない」と言うのです。そのとき私は20歳で、1日に2本の原稿を書きましたが、ひどい記事だったと思います。すべて金融ニュースで、そこに編集長が手を入れました。こうして学びました。

私が80歳で『新しい現実』を書いた理由を知っていますか？

じつは、私はいつも音楽家になりたいと思っていました。ハンブルクで見習いをしていた18

歳のある日、オペラを聴きに行きました。ヴェルディの最後の作品『ファルスタッフ』だった。あれほど感動した音楽はありません。そして、この作品が、彼が80歳のときのものとわかったとき、心に決めたのです。自分も80歳まで生きたら、それまでにやった何よりも優れたものをやろうと。18歳の青年がそんなことを考えるのは馬鹿げていますが、私はその決意をけっして忘れなかった。健康を保ち、ヴェルディのような働き方を身につけていれば、できるだろうと。

日本の画家にも80歳で素晴らしい作品を残した人がいます。葛飾北斎です。豊かな経験を積み、それを作品に投影する。当然、若い人とは違った働き方が必要で、力をあまり使わないように、効率的に働く方法を学ばなくてはいけません。

◻日本とアメリカは長年連れ添った夫婦のようなもの

——話は戻りますが、ウォルフレンやファローズの日本論が話題になっていますが、最近のアメリカの見方はどうですか。あなたも数年前に「敵対的貿易論」を書きましたね。

ファローズの日本論には必ずしも満足していません。やや皮相的だと思う。日本と欧米との関係はもっとも大きな問題は、アメリカではなくヨーロッパとの関係ですが、アメリカとの関係も含め、経済関係が明らかに以前とは違う時代に入りました。理由は二つあります。日本はアメリカの貿易赤字について、アメリカ側に問題があると言う。それは正しいが、あなた方が理解していないことがある。アメリカの貿易赤字は産業競争力とはまったく関係ありません。原因は世界的な資源危機にあります。これが真実です。

第一に貿易収支の中身を見てください。もし、食糧と資源の価格が工業品との関係で10年前と同じだったら日本の黒字の半分は消えます。われわれは歴史上、最長の前例のない食糧、資源価格のデプレッションのなかにあります。これはさらに長く続きます。共産圏の農業経済の運営が大失敗すれば、食糧危機を再び生み出すかもしれない。しかし、そうはならない。農産物貿易で赤字なのは日本くらいのものです。日本は唯一の農産物純輸入国。もし、農産物の価格が工業品との比較で10年前と同じだったら、アメリカの貿易赤字の3分の2が消えます。

もう一つは、アメリカにとって伝統的に大輸出市場だった南米の崩壊。この輸出先国に購買力がない。したがって、赤字の3分の2は産業競争力とは関係がありません。それどころか、私が観察するかぎり、過去数年、アメリカの製造業、とくに中小企業の輸出パフォーマンスは驚異的です。ドルが下落して間もなく、それまでは世界市場に登場したことのなかった企業が、ヨーロッパなどに進出して成功しました。アメリカの産業のパフォーマンスはきわめてよいのです。

いくつかの産業で、とくに大企業分野で、日本はきわめて手強い競争相手です。自動車、コンピュータ部品、そして将来は化学品。それ以外は過去数年、アメリカが世界市場でポジションを強化しました。

競争力は貿易赤字の問題とはまったく関係がありません。アメリカの問題はベトナム戦争と1970年代初めの政府決定にあります。もしニクソンが1973年に石油価格の上昇を許していたら受け入れられていたでしょうが、彼は当時、ウォーターゲート事件のため、不人気な政策はやりたがらなかった。アメリカの貿易赤字の5分の1は石油輸入で、依然使いすぎです。エネルギー効率をあげるインセンティブがありません。

日米問題についていえば、どちらの政策が間違っているかという議論は危険です。ただ、日本が米国債を買い続けることも無理です。またアメリカが企業買収を禁止することもできない。日本による企業買収の問題は、ヨーロッパのそれと違う。アメリカの企業はドイツの産業をより多く所有しています。ドイツの産業の労働者の6人に1人がアメリカ系企業で働いている。一方、2・5%のアメリカ人がドイツ企業で働いています。この関係は古くから同じ。

これに対して日本は難しい。相互不信が起こりやすい。投資の相互主義がないからです。それでも、アメリカとの関係は対ヨーロッパ関係と比べるとはるかに単純です。理由はアメリカのほうが日本に慣れているためで、ヨーロッパは違います。アメリカはよい意味でも悪い意味でも日本に慣れている。好きだからということでは必ずしもなく、ともかく慣れている。長年連れ添った夫婦のようなもので、相手を愛している必要はない。でも慣れている。

——日米の結婚は便宜主義の政略結婚であり、強い信念に基づくものではないので、環境が変わったら離婚するという議論もありますが。

日本の製品はアメリカでは外国製とは見られてはいません。一つは慣れです。それから、日本の自動車、ファックスはアメリカの文化の一部になっているからです。しかし、それでも日米関係は難しい。保護主義圧力には強いものがあります。

——相互バッシングの様相ですね。

それは好ましくない。危険です。共通の利益が十分あります。日本はアメリカ政府がカネを使い続けるのを許しています。そして日本はアメリカ政府にカネを注いで、アメリカの赤字を埋めています。

——その結果生じる日本の影響力を嫌がるアメリカ人がいます。

アメリカの消費者は日本製のファックスを放棄しないでしょう。そのファックスは、

1995年には日本からの輸出がなくなり、メキシコ国境のマキラドーラで組み立てられるかもしれない。あるいは南カリフォルニアで。80％がアメリカ産の部品を使って。

トヨタがGMフリーモントを買うという話があります。NUMMI工場ですが、GMが売りたがらない。トヨタはもっと生産能力を拡大したいと考えている。市場も拡大しています。しかし、トヨタはアメリカの犠牲によって市場を拡大しているのではなくて、西ドイツの犠牲で成長しているのが実態です。1970年以前、フォルクスワーゲンは米市場の10％を保有していましたが、その半分が日本のシェアになりました。

5～6年後、いや10年後か、日本の自動車メーカーは対米輸出をしなくなっているでしょう。アメリカで生産するようになるからです。量がともかく大きすぎるので、現地生産しなければ市場を失う。フォルクスワーゲンがそうでした。アメリカで生産しなかったので市場を失ったのです。あれだけのビジネスの量があれば、市場で生産しなければならない。コンピュータもハードは市場で生産しなければならなくなるでしょう。ソフトは違います。ソフトはデザイナーがいるところでつくります。

日本経済は二つの挑戦をしなければ、外国市場を突然失うかもしれません。

第一は、極東経済ブロックのようなものをつくること。ECの人口は2・5億人、北米は3・2億人、これに対して日本は1億人。そこで、労働集約産業を韓国、シンガポール、台湾などに移し、アジア経済市場をつくるのです。あるいは中国の沿岸地域を地域経済に加える。

第二の挑戦は、リスクをとること。日本政府は極端に慎重で、リスクをとらない。その理由は日本の産業の大半が競争力をもたないからです。流通、金融、保険、年金基金に競争力がない。だから政府が保護をしています。日本企業で国際化しているのは200社ぐらいです。

――いや、中堅企業も動き出しています。

そうですか。で、売る市場はどこですか？

――日本市場です。

資材をどこで買うか、市場が問題です。中規模企業の挑戦は日本の外で売ること。保護された本国市場では競争がありません。海外で競争しなければ強くなりません。過去10年でもっとも強くなったのは西ドイツ経済です。ごく小規模の企業を除いて、すべての企業が世界中の市場を対象に売っていて、競争に晒されているからです。

20年前、国内市場は大きく、競争が少なく、大企業だけが海外に挑戦しました。しかし、いまは中規模企業が世界の市場のどこにでもいる。たとえば、アメリカの分析機器メーカーは30%を日本で売ります。水処理の会社も中企業ですが、売上げの30%が日本、30%がヨーロッパです。それも20年前には、海外では売らず、海外生産もしていなかった。そこでアメリカの経営者は突然競争に晒され始めた。これは総じてアメリカの経営のモビリティの結果です。水処理会社の場合、トップマネジメントの人のほとんどが、アメリカの大企業や日・欧で働いた人で、大企業ではトップになれないとわかって、小企業に移った。こうした経営者の流動性が突然実を結んだのです。

――それが、あなたの言う敵対的貿易回避の道でしょうか？

リスクをとるつもりになれば、日本は、先進国の政策を途上国の政策と結びつけることができます。日本は遅れた産業分野を保護してきました。しかし、このやり方は長くは続けられない。30年前、日本に初めて来たとき、私は圧倒的な印象を受けました。ビジネスのリーダーシップのほとんどが、私より前に生まれた人たちで、立石電機（現オムロン）の立石（一真）さんなど、勇気とビジョンとリーダーシップがあり、仕事を楽しんでいました。

――グローバルな調整のなかで、直接投資のもつ意味は？

直接投資の性格がシフトしています。最近、イギリスのエコノミスト誌に寄稿したのですが、貿易から直接投資にどんどんシフトし、経済が急速に統合に向かい始めています。提携、パートナーシップなどが急に増えてきましたが、その一因は、中小企業が統合を迫られているからです。また、市場の性格が急に変わったこともあります。

――為替レートの調整のあと、経営が変わりましたが、それは従業員の犠牲のうえで生じた面もあります。

日本ではジョブ・セキュリティのもとで流動性が高まりました。アメリカでは、ジョブ・セキュリティがないなかで大移動が始まった。日本では知的な職業の人の流動性が増し、アメリカでは裁判を通じて経営者、専門職が一種の所有権になりました。日本では、若い労働者が移動を始めました。若者は一つの会社にとどまりません。三菱にはとどまりますが、それでも他社からいい条件を示されると考え直す。

若い日本人は、妻と一緒になって身の振り方を決めるのですね。大変興味深い。この間、私の教え子の1人で、大企業で働く35歳のビジネスマンがやって来ました。「自分の将来のことを話したい」と言って。それで、「妻も一緒に連れていっていいか」と聞いてきたのです。これは以前には考えられなかったことですね。

知的な職業の人は、移動の自由をもちます。私の世代は大恐慌時代に生まれ、日本で55歳の人たちは戦後の厳しい時代を生きてきましたが、その子どもたちは違います。

第4章

「マネジメント」の発明

「マネジメント」を発明した男

社会的機能としてのマネジメント

ドラッカーの研究家で、著名な編集者でもあるジャック・ビーティは、『マネジメントを発明した男　ドラッカー』（1998年）のなかで、ドラッカーがマネジメントを発明したのは1954年11月ごろだと記している（同書の原題は*The World According to Peter Drucker*で、「マネジメントを発明した」とはなっていないが、第6章にずばりこの表題がある）。

1950年代から60年代にかけてアメリカではマネジメント・ブームが生まれつつあった。だが、マネジメントを十分に解説した書物はまだなかった。

ドラッカーは1年半をかけてGMを研究した成果として『企業とは何か』を1946年に著し、1954年には『現代の経営』を上梓した。コンサルタントとしての仕事は、GMからGE（ゼネラル・エレクトリック）やシアーズ・ローバックなどにも広がり、いつしか「マネジメントの発明者」と呼ばれるようになった。

しかし、ドラッカー本人は「企業のマネジメント」にとくに関心はなかったという。そのことについて1993年の『すでに起こった未来』でこう述べている。

〈今日に至るも、ほとんどの人々は、マネジメントというと企業のマネジメントのことだと思っている。一九四〇年代の初め、マネジメントについて研究し始めたころ私もそう思っていた。しかし、当時私がマネジメントの研究をはじめたのは、企業に関心があったからではなく、社会・コミュニティ・人間組織に関心があったからだった。そして、私にはかなり早くからわかったことだが、マネジメントとは、組織という、あの新しい現象の統治機関だったのである。〉

〈一九五〇年代初めのころだったと思うが、私はマネジメントが、企業であるなしにかかわらず、あらゆる組織に特有の機能であり、しかも、その機能は経済的なものではなく、社会的なものであることを認識した。〉

当時の状況について、こんなエピソードを紹介している。

1940年代後半のこと、彼がハーバード・ビジネススクールの教授職をオファーされたとき、学部長はマネジメントを教えさせる気はなかった。マネジメントが何たるかも理解されなかった。結局、この誘いを辞退した。その後、ニューヨーク大学のビジネススクールでも教授職を提供されたが、そこでもマネジメントは〝鬼っ子〟の科目で、まったく必要とされなかったという。

結局、マネジメントが社会的機能の一つとして認められるまで、その後20年を要した。

企業とは何か　*Concept of the Corporation*

１９４３年、アメリカ最大のメーカーＧＭに招かれ、１年半にわたって経営と組織の調査を行い、成功、問題、失敗を研究し、その結果をまとめた本。ＧＭをモデルに、企業の戦略、政策、組織、報酬、社会的責任について分析し、企業の概念を明らかにした。「２０２０年、30年になっても企業の概念とその力学は本書に描写し分析したものと大きく変わることはない」とドラッカーは語っている。

現代の経営　*The Practice of Management*

『創造する経営者』『経営者の条件』『マネジメント』など、マネジメントに関する著作の原点となった本。「企業の目的として有効な定義は一つしかない。すなわち、顧客の創造である」という言葉はあまりにも有名。企業の機能は、マーケティングとイノベーションの二つに尽きると言い切っている。マネジメントの本質とは何か、経営管理者のなすべきことは何か、リーダーシップとは何かなどが説かれている。

□『マネジメント』の議論の要点

ドラッカーが組織のあり方としてのマネジメントを研究しだしたのは、社会が「組織社会」となり、現代社会の機能が組織の運営の仕方に依存するようになったためだった。『マネジメント』（1973年）の書き出しで、「組織社会」と組織で働く「被用者社会」の到来により、あらゆる組織がマネジメントの課題を抱えるにいたったとし、問題意識を整理している。

組織は企業だけの現象ではない。以前は社会の主役は家族であり、仕事は家業だった。組織はあっても小さかった。学校も医師も農家も職人も、そして商店も個人が主役だった。大きな組織といえば行政府くらいで、みんな小さかった。それが、企業だけでなく、医療、教育、研究などすべてが永続的な存在としての組織で運営され、人々も組織を通じて働き、組織に生活の糧を依存し、組織に機会を求めるようになり、あらゆる組織がマネジメントを必要とするようになった。

1937年にアメリカに移住したときに観察したのは、大きな組織がアメリカ社会の主役になっているという現象だった。ドラッカーはたまたま、最大の民間企業であるGMから同社の組織を研究・調査してほしいという依頼を受け、願ってもないチャンスとして快諾した。アメリカの経済・社会で、GMを代表とする企業組織が主役となっているため、それは組織研究の最高の機会だった。

ドラッカーにとって、企業を含め、さまざまな組織が存在し意義をもつのは、組織それ自体のためではなく、それぞれが社会的な目的、使命を実現し、社会、コミュニティ、個人のニーズを満たすことによってである。そのため、いわゆる官僚主義と呼ばれる状況について、「自分たちが目的であり、組織は手段だという錯覚から生まれるものだ」と批判する。

ドラッカーは、組織が社会に貢献するためには、①それぞれが組織に特有な目的としてのミッション（使命）をもち、②働く人々に成果をあげさせるようにして、③社会的な貢献をする――ことが肝要だと説く。『マネジメント』での議論の要点は次のようなものであった。

第一の「目的と使命」については、企業の場合は経済的な成果が組織存在の根拠であり、手段である。企業以外の病院、教会、大学、軍隊などすべてにとって、経済は制約条件にすぎない。

第二の「働く人の成果」については、企業にとっても企業以外の組織にとっても本当の資源は人であり、組織が成果をあげるには、人がより生産的になるようにすることが肝心だ。それを実現するには、人を仕事に合わせるのではなく、仕事を人に合わせる発想が必要である。人を人として、それぞれの個性、能力などの違いを重視し、その違いを活かせるようなマネジメントが必要だ。

第三の「社会的な貢献」については、いかなる組織も社会の機関であり、社会のために存在する。企業も例外ではない。事業的に優れているだけでは、その存在は正当化されない。

企業は、働く者に仕事を与え、株主に配当を与えるために存在するのではない。消費者に対して財とサービスを提供するために存在する。病院は、医師や看護師のために存在するのではない。早く退院し、再入院することのないことを願う患者のために存在する。学校は、先生のためではなく、生徒のために存在する。このことを忘れたマネジメントはマネジメントではない——ドラッカーはそう説いている。

利益は目的ではない

企業の目的は「顧客の創造」である

「私は経済学者ではない」と言うドラッカーは、「経済学が重視する企業の『利潤動機』は企業の在り方についての間違った理解を生んでいる。利益は個々の企業にとっても社会にとっても必要だが、それは企業や企業活動において、目的ではなく条件であり、経済活動に伴うリスクを補填し損失を回避するために必要とする手段である」と『マネジメント』で力説する。

この800ページに及ぶ大著で次のように論じている。

〈経済学は利益を云々するが、利潤の極大化とは、「安く買って高く売る」との昔からの言葉を難しく言い直したにすぎない。〉

〈利潤動機なるものには、利益そのものの意義を間違って神話化する危険がある。利益は、個々の企業にとっても、社会にとっても必要である。しかしそれは、企業や企業活動にとって、目的ではなく条件である。利益は、企業活動や企業の意思決定にとって、原因や理由や根拠ではなく、その妥当性の判定基準となるものである。〉

〈この混乱の原因は、利潤動機なる動機によって人の行動が説明できるとする考え方にある。だが、利潤動機なるものは存在するかどうかさえ疑わしい。それは古典派経済学者が、彼らの静的均衡理論では説明しえない経済の現実を説明するために捻出したものである。〉

〈利潤動機なるものは、的外れであるだけでなく害を与える。このコンセプトのゆえに、利益の本質に対する誤解と、利益に対する根深い敵意が生じている。この誤解と敵意こそ、現代社会における危険な病原菌である。さらにこのコンセプトのゆえに、企業の本質、機能、目的への誤解に基づく公共政策の最悪の過ちがもたらされている。利益と社会貢献を対立するとの謬見さえ生まれている。〉

そこで、ドラッカーが唱える「企業の目的」は何かが重要になる。彼は続けて論じる。

〈企業の目的は、それぞれの企業の外にある、企業は社会の機関であり、その目的は社会にある。企業の目的の定義は一つしかない。それは顧客の創造である。〉

〈顧客が価値を認め購入するものは、財やサービスそのものではない。財やサービスが提供するもの、すなわち効用である。（中略）その顧客の欲求とニーズに応えさせるために、社会は富を生み出す資源を企業に負託する。〉

ドラッカーに言わせれば、利益、利潤とは、顧客が求める効用を提供するために行う、投資活動、研究活動、さらには雇用創出といった目的を実現するのに必要な手段であり、目的実現のために企業活動を持続するためのコストである。

彼の最大の関心は、この「目的」と社会に対する企業の「使命（ミッション）」である。そこには利益と社会的責任の間に、まったく矛盾は存在しない。むしろ、そうした目的実現のための必要、社会的ニーズに応じられるだけの利益をあげていない企業は目的の持続的な追求もできないわけで、存在意義もないというのがドラッカーの考え方だといえよう。

「日本的経営」の変質

ドラッカーは、組織化された社会において企業はきわめて重要な構成員であると見るが、非営利組織（NPO）も、ますます重要な組織となっていることに注目している。そして、どの組織にも使命と目的が肝要であり、企業はそれを実現する手段として利益があるが、NPOには利益基準がないため、いっそう使命の明確化が重要だと強調する。

また、いかなる組織も使命、目的を実現するためにマネジメントが肝心だと力説する。彼がNPOのコンサルティングを進んで引き受けている理由もここにある。これについては1990年に『非営利組織の経営』を著している。これはNPOの経営に関する先駆的な著作であり、ドラッカーが社会のさまざまな組織に関心をもってきたことがわかる。

利益についての、こうした理解に照らし、昨今の日本の企業活動はどう見ればよいのか。「日本的経営」というものが、バブル景気崩壊後に大きく変わってしまった。企業は利益をあげることに懸命だが、研究開発、新事業、新商品・サービスの開拓に対しては、以前とくらべて明らかに消極化している。また、利益をあげるために、人件費を削減し、研究開発投資、設備投資にも消極的になっている。

とりわけ1989～90年の金融危機のあとは収益確保のために人件費を削減し、そのために低賃金の非正規社員の比率を上げ、正規社員については賃上げ抑制、賞与削減などが広範に行われた。その結果、マクロ的にみると家計所得が減少し、消費不況、デフレ進行という現象が起きた。

IMF（国際通貨基金）が日本に対して、企業は手元流動性を積み上げるのではなく、それを企業活動の活性化のために活用すべきだと警告したことがある。2014年8月の「資金をため込まずに活用せよ」と題する論文（Unstash the Cash! Corporate Governance Reform in Japan）がそれだ。

このIMF論文には、企業の手元資金の株式時価総額に対する比率の国際比較が載っている。日本は40％と突出している。アメリカ、カナダ、イギリスは20％以下、ドイツ、イタリアは25％弱と日本よりずっと低い。この棒グラフでは他の諸国の比率が青い棒で示されているなかで、日本の比率は赤い棒で描かれている。

戦後の日本の高度経済成長、経済大国化をいち早く洞察したドラッカーは1960年代、70年代の日本の企業家精神とイノベーションへの意欲に注目し評価したが、1990年代に入ってからの日本はその当時とまったく変わってしまった。1990年代半ば以降の発言には、彼が日本に対して不甲斐なさを感じていたことが実感される。

非営利組織の経営　*Managing the Nonprofit Organization*

「非営利組織とは一人ひとりの人と社会を変える存在である」という一文に始まる本書は、病院、学校、各種コミュニティ団体などの非営利組織（NPO）のマネジメントを論じるなかで、すべての組織に必要なマネジメントを語る。第5部では「自己開発」をテーマに、ドラッカーの有名なフレーズ「何によって憶えられたいか」について一つの章を設けるとともに、人生と非営利組織について語っている。

企業家精神の劣化

日本企業は「人は資源」「人は財産、つまり人財だ」と言い、業績が悪化するとすぐにレイオフするアメリカ企業とは異なる「日本的経営」を自ら誇った時期があった。それがどうして、こうまで変わってしまったのか。

1990年代の金融危機の際に、金融機関が貸し渋りどころか、貸しはがしまで行ったことに企業が衝撃を受けたことが響いていると思われる。

貸しはがしとは、経営体力がある企業に無理矢理、早期返済を求めるやり方である。経営危機に陥っている企業は金融機関からの支援（融資）がほしい。だが、金融機関も同時期、不良債権を抱えてバランスシートの改善を急務としていたため、少しでも危ない企業には、救済どころかいっさい融資に応じなかった。資金を回収できないと思うからだ。

融資資金を回収できるのは、経営体力のある企業からであるから、バランスシートの改善を急いだ金融機関が優良企業に繰り上げ返済を迫った。こうして、「メインバンク制」などに見られた企業と金融機関との相互信頼関係は崩れてしまった。

金融機関を頼れないと感じた企業は、借金を極力減らそうとした。返済のためには収益をあげなければならない。多くの企業は、資産である人を「コスト」と見て、人件費削減に走った。この人件費削減が、短期の緊急避難措置としてならともかく、ポストバブルの日本企業の習い性のようになってしまった。

バブル景気崩壊後の日本経済の長期停滞を「バランスシート不況」として分析していたエコノミスト、リチャード・クー氏は、大部の力作『「追われる国」の経済学』（*The Other Half of Macroeconomics and the Fate of Globalization*, 2018）で、「日本企業の経営は利潤強大化ではなく債務極小化を目指すものに変わった」と論じている。

貸しはがしトラウマというべきか。それにしても、緊急時の一時的な対応が20年以上も続いている現状は理解しがたい。企業家精神の劣化であり、もしドラッカーがこの現状を見たら、大いに嘆くに違いない。

バブル景気崩壊後の日本の政策と経営について、大蔵省（現財務省）出身の経済学者、野口悠紀雄氏は鋭い分析を行っている。氏は早くから「デフレの原因は賃金の低いことにある」と指摘し、「アベノミクスが追求した円安誘導が企業の安易な経営姿勢を招いた」と警鐘をならした。氏の分析にまったく同感である。

2013年に黒田東彦《はるひこ》氏が日銀総裁に就任したときの円相場は対ドルで90円台だった。この水準はたしかに行きすぎた円高だったかもしれない。しかし、政府・日銀がゼロ金利を含む前例のない規模の金融緩和と財政支出拡大で対応し、それを長期にわたって続けたため、企業経営においても政府の政策においても、痛みを伴うが必要な改革、施策が先送りされ続け、日本経済は潜在成長率をむしろ低下させ、企業は競争力を弱めた。

円相場は2022年2月のロシアのウクライナ侵攻をきっかけとした石油などエネルギー、国際商品の価格上昇をきっかけに急激に低下し、1ドル＝150円に迫り、政府・日銀は2022年9月22日に1998年6月以来、ほぼ22年ぶりに円買いドル売りの市場介入を行った。しかし、多少の円安の行きすぎはあったかもしれないが、円安の背景には日本経済の体力減退、日本経済全体の成長力（潜在成長率）の低下があり、それを反映した円安であった面が強い。貿易収支も赤字傾向となってしまった。その円安がエネルギー価格の上昇と重なって物価を押し上げ始めた。

政府・日銀はデフレ脱却を政策目標に掲げ「年2％」の物価（生鮮品を除く消費者物価）上昇をめざしてきたが、2022年2、3月以降の物価上昇は国内の経済の活性化を反映したものではなく〝輸入インフレ〟である。それは、所得の海外流出であり、日本の実体経済にはデフレ圧力となっている。

リーダーに必要なのは「真摯さ」

□ 渋沢栄一とアルフレッド・スローン

ドラッカーにインタビューしたとき、何度か「真のリーダーとは何か、リーダーシップの要件は何か」とたずねた。その答えは、「真摯さ（誠実さ）」であり、「カリスマ性はいらない」というものだった。

また、リーダーとして彼に影響を与えた人物として、日本人とアメリカ人を1人ずつ挙げてもらったことがある。日本人は「日本の資本主義の父」といわれる渋沢栄一で、アメリカ人はGMを世界最大の企業に育てあげたアルフレッド・スローンだった。

「最初に出会ったリーダーは渋沢栄一だった。私は30代のときに、彼に強い興味を抱き始めた。すでに故人となっていたが、この人物こそが企業の役割、社会的責任について最初に考えたリーダーだった」と言っていたことを思い出す。

リーダーシップ論はアメリカのビジネススクールでは流行りのテーマであり、多くの著作、論文が書かれている。元マグロウヒル社の副社長であり、リーダー論でも知られるジェフリー・A・クレイムズは『ドラッカーへの旅』（*Inside Drucker's Brain*, 2008）でこう論じている。

〈リーダーシップやカリスマをめぐるドラッカーの考えは、五〇年ものあいだ揺るがなかった。そして、世の中ではカリスマ性を重視するあまり、本当に大切なもの、たとえば人柄や実行力が軽視されている、と訴えていた。「リーダーシップとは、人間的な魅力とは異なる。……友人を増やしてまわりに強い影響力をおよぼす力、つまり自分を売り込む才能とは違うのだ。……リーダーシップとは、高い視点を持ち、成果を引き上げ、限界を超えた成長を目指すものである」

「リーダーにふさわしい資質や人格」があるわけではない、というのもドラッカーの持論だった。つまり、人はひとりひとり違い、すべてのリーダーに共通した特徴などないと、いうのである。〉

リーダーに求められる七つの要素

クレイムズは同書で、ドラッカーが理想としたリーダーについて七つの要素を挙げている。

①人望と勇気――リーダーにとってもっとも重要な資質

②明快な使命を掲げる――目標をわかりやすく示す

③　忠誠心を引き出す——本物のリーダーは、忠誠心は一方通行ではないと知っている
④　強みに着目する——リーダーは強みを活かし、弱みの影響を和らげる
⑤　有能な部下を恐れない——部下の成功は自分の成功である
⑥　一貫性がある——リーダーのリーダーたるゆえんは、賢明さではなく一貫性である
⑦　将来のリーダーを育成する——卓越したリーダーは、明日のリーダーを育てる責任を自覚している

①②⑥などは、まさにドラッカーが繰り返し指摘していた「真摯さ」と重なる。

④⑤は、リーダーとボスの違いの議論を連想させる。日本ではひところ「企業や経済団体のトップはリーダーなのか、たんなるボスなのか」といったことが議論された。結論はボス型が多いということだった。

「真摯さ」と関連して、ドラッカーは「リーダーの言うことが本気であることが大事だ。部下は必ずしもリーダーの言うことに同意する必要はない。重要なことは、本気の発言であり、揺るがないことである」と言っていた。

ドラッカーと親交をもった経営論で著名な小林薫氏は、『ドラッカーとの対話　未来を読みきる力』（2001年）で、ドラッカーの次のような発言を紹介している。

「リーダー的性格、リーダーシップ・スタイル、リーダーとしての資質というものは存在しな

い。カリスマ性とリーダーシップは関係ない。リーダーシップは、地位でもなく、特権でもなく、肩書でもなく、金でもない。それは職責である」

ドラッカーは私とのインタビューで、「真のリーダーは部下の強みを評価し、有能な部下を積極的に活かそうとする。似非《えせ》リーダーは有能な部下を恐れ、遠ざけようとする」と述べていた。

リーダーには、将来のリーダーの育成も肝要である。ドラッカーは、渋沢栄一から学んだこととして、多数の企業、非営利組織を生み出しながら、しっかりしたリーダーを育てたことを挙げていた。

#「強み」の上に自分を築け

□弱みによって何かを行うことはできない

〈何事かを成し遂げられるのは、強みによってである。弱みによって何かを行うことはできない。〉（『明日を支配するもの』）。

ドラッカーは、企業も個人も、自らの「強み」を活かすべきだとしきりに強調していた。日本に対しても「日本のもつ強さをもっと自覚してほしい。それによって日本は新たな発展を手にすることができる」と言った。

「日本が弱みだと思い込んでいる高齢化、環境制約、エネルギー・資源不足なども克服できる。日本の『強み』である技術力をそうした課題に組み込めばいい。日本が成長制約の要因だと思い込んでいるこれらも、『強み』の発想をもてば、『強み』に転換することさえできる。そう思いませんか？　コジマさん」

日本がバブル景気崩壊のあと経済停滞に落ち込んでいた１９９０年代半ば、東京で雑談した際、ドラッカーは噛みしめるような口調で語りだした。

彼の発想は、次のようなものだった。

たしかに日本の高齢化は世界最速で進んでいる。しかし、日本に遅れてほかの多くの国が高齢化するし、しつつある。真っ先に高齢化している日本はどの国よりも先にそれへの対応をせざるをえない。対応は社会システムの変革だけでなく、高齢社会、高齢層が必要とする、あるいはそれにふさわしい医療や社会保障のシステム、サービス、商品を開発すれば、遅れて高齢化の試練に直面する他の国々が、日本が先に開発したものを求めてくる。これらの国は日本にとって市場となる。

環境については、日本は国土が狭く環境負荷が大きくなりやすいが、それが環境問題を克服する技術活用へのインセンティブになる。技術力は日本の「強み」である。問題はそれをどう活用するかだ。

エネルギー・資源も「制約条件」の面はあるが、制約を克服するうえで技術の「強み」を活かせる。１９６０年代の公害危機の際、１９７０年代の石油危機の際、日本は技術の利活用によってエネルギー・資源節約型の技術を開発し、エネルギー・資源節約型の経済・社会を打ち立てた。いずれも日本が「強み」を問題解決に活かした成果だった。

ドラッカーは、そうしたコメントをしたあと、いまの日本に必要なのは「強み」活用の発想をすることであると力説した。『明日を支配するもの』のなかでは、「強み」に集中することの必要性を説くと同時に「傲慢さ」を戒めている。

〈多くの人たち、とくに一芸に秀でた人たちが、他の分野を馬鹿にする。他の知識などなくとも十分だと思っている。〉と指摘し、これは知的な傲慢であり、それを避けなければならない。傲慢さは無知の元凶であると警告している。

▣「強み」を伸ばして一流を極める

ドラッカーは悲観論者ではない。未来志向である。幼年期だった20世紀初めは世界がナチズムと戦争に圧し潰された最悪の時代にあり、人間に絶望しかけたこともあると述懐するが、希望を失わなかった。

『ドラッカーへの旅』の著者クレイムズはドラッカーへのインタビューを通して、〈氏は五〇年前に説いた強みをめぐる考え方を、依然として自身の信条の骨子と見なしているのだと、痛感させられた。〉と述べている。

ドラッカーは、ハーバード大学から教授ポストを提示された際、ハーバードが講義において重視しているケーススタディをあまり好まなかったので辞退した。自らの「強み」を重視すると、やりたくないことも見えてくるのだろう。

「強み」重視は、彼のリーダーシップ論にも表れている。真のリーダーは人の弱みには寛容性をもち、強みを見出し、それを発揮させるようにする、という見方である。

ドラッカーは、アメリカ産業史上の巨星とされる鉄鋼王アンドリュー・カーネギーが「墓碑銘」に記すよう望んだとされる言葉に注目したという。その言葉とは、「（ここに眠る人物は）自身よりも優れた人材に仕事を任せる術を知っていた」というものである。

「強み」を活かし、さらに伸ばして一流を極めることは、弱みを克服して何とか普通のレベルにもっていくよりはるかに容易であり、成果があがる、というのがドラッカーの発想である。

〈弱みに目を向け、「何ができるか」ではなく「何ができないか」を出発点にすると、組織の士気はこれ以上ないほど低下するだろう。あくまでも強みを重視しなくてはいけない。弱みを出発点にしたのでは最悪の結果を招く。〉とクレイムズは「ドラッカーから教えられたこと」として述べている。

イノベーションとは「昨日を捨てる」こと

▣「社会的イノベーション」の必要性

日本経済は1991年のバブル景気崩壊のあと今日に至るまで停滞状態を続けている。それを端的に示すのは経済の「潜在成長率」、つまり経済のバランスを崩さないようにしながら現在の資源をフルに利用して実現できる経済成長率が、前年比伸び率1％以下の状態から抜け出せないでいることである。

歴代の政権は成長戦略を掲げてきた。それでも、経済の基礎体力を回復することができず、国際競争力の各国比較でもランキングは下がる一方だ。スイスの国際経営開発研究所（IMD）による「世界競争力ランキング」では、日本は2019年に前年の25位からさらに低下し30位となった。ビジネス効率性では4年続けて低下し、46位まで落ちた。

ダボス会議を主催するスイスの世界経済フォーラム（WEF）がまとめた2020年の観光部門の競争力では、比較対象117カ国のなかで日本は1位となった。だが、コロナ禍で日本政府が外国人の訪日を極端に制限したため、2021、22年のインバウンド観光は壊滅状態になった。〝令和鎖国〟ともいわれる外国人締め出し政策は各国から批判を受け、英紙フィナンシャル・タイムズは「日本は異常な外国人締め出し政策により、自らのソフトパワーを一夜にして失ったと、後世の歴史に記されるだろう」と警告した。

ドラッカーは、「日本はイノベーションを必要としている」と強調した。彼が日本に求めていたのは、たんに技術的な面でのイノベーションではなく、経済・社会の仕組みを抜本的に変えた明治維新のような広範なシステム改革としての「社会的イノベーション」だった。

イノベーションについては、2019年に死去したハーバード・ビジネススクールのクレイトン・クリステンセンの「破壊的イノベーション（disruptive innovation）」論が影響力をもっている。

クリステンセンによれば、イノベーションには「持続的なイノベーション」と「破壊的なイノベーション」がある。前者は既存技術の性能向上をもたらすもので、後者は既存の市場の一部あるいは、企業、業界を葬り去ってしまうような影響をもたらすもので、文字どおり「破壊的」なイノベーションである。

□「技術革新」ではなく「新しい価値の創造」

日本では、ふつうイノベーションは「技術革新」と訳される。この訳語が日本におけるイノベーションについての理解を薄っぺらなものにしてきたように思える。

「技術革新」という訳語は　1958年の政府の『年次経済報告』（経済白書）が使い始めて定着してしまったものだ。本来の意味、あるいは日本以外で一般に理解されている意味は、たんなる技術の革新ではなく、経済・社会の変革に結びつく「新基軸」であり、「新しい価値の創造」である。

イノベーション論の走りは、ドラッカーの父アドルフが育て、ドラッカー自身も親交を重ねたオーストリア生まれの碩学、ヨーゼフ・シュンペーターによる。

シュンペーターの定義は、①消費者の間でまだ知られていない新しいモノ・サービスの生産、②新しい生産方式の導入、③新しい販路の開拓、④原料あるいは半製品の新しい供給源の獲得、それと⑤新しい組織の実現、といった諸要素を新たに「結合」させることであり、それによって経済・社会が必要とする価値を創造し、経済・社会の構造を変えることである。

前述の『経済白書』は、その脚注で、このシュンペーターによる定義も紹介しているが、本文に出てきた「技術革新」という訳語が一般化し、一人歩きした。

この「技術革新」という訳語の普及により、日本ではそれが生産現場におけるもので、エンジニアによる技術的な発明、あるいは技術の改良・高度化という意味に受け取られた。そのため、イノベーションは企業の経営トップの重要関心事ではなく、現場に任せっきりにされてきた傾向がある。その結果、日本の製品の質が向上し、メイド・イン・ジャパンのブランド価値を高くしたものの、えてして市場、社会のニーズから離れた過剰機能、過剰品質を生み、日本国内でしか利用されない技術のガラパゴス化につながるきらいもあった。

もちろん、ドラッカーは日本の現場主導による技術改良の実績も評価している。後発の工業国であった日本が、欧米諸国が先行して開発した技術をとり入れ、活用し、改良してきたことを評価している。そうしたやり方は欧米から「真似」と揶揄されたこともあるが、「日本はたんなる真似（イミテーション）ではなく、きわめてうまく真似し、改良も行った。グレート・イミテーションを実現したのだ」と評価したことがある。

そうしたイノベーションも必要だ。ただ、ドラッカーは、技術のパラダイム変化、国際競争関係の変化、市場のニーズの変化などが絶えず進展するなかで、クリステンセンの言う「破壊的イノベーション」についても重視する必要性が増しているという趣旨の発言を1980年代半ばから強調してきた。

クリステンセン流の議論と比べて、ドラッカーの議論はより平易で、大変わかりやすい（これはドラッカーのもち味であり、私は、まさにこの「わかりやすさ」、比喩のうまさに魅力を感じる）。「破壊的イノベーション」とは、ドラッカーの言葉を借りれば「昨日を捨てる」ことである。

〈（イノベーションに優れた企業は、）古いもの、陳腐化したもの、もはや生産的でないものを組織的に廃棄する仕組をつくっている。「品質さえよければ馬車用むちの市場はいつまでもあるはずだ」などとはけっして考えない。人間のつくったものはみな、遅かれ早かれ、通常は早いうちに、陳腐化してしまうことを知っている。そして競争相手によって陳腐化させられるのを待たずに、自ら陳腐化させ破棄してしまうことを選ぶ。〉〈むだなことにこだわってはならない。陳腐化したものの計画的な破棄こそ、組織体が自らの人材のビジョンとエネルギーを、イノベーションに集中させる唯一確かな方法である。〉（『マネジメント・フロンティア』）。

マネジメント・フロンティア *The Frontiers of Management : Where Tomorrow's Decisions are Being Shaped Today*

今日の経営管理者が直面する明日の問題について論じた本。「経済」「人」「マネジメント」「組織」の4部構成で、マネジメントの開拓地（今日の意思決定が明日を形成するような領域や問題）における「変化」を考察した38編の論文を収録。「変化は機会である」と語り、新しいビジョンをつくり出すことを促している。

□ 昨日を捨てなければ明日は来ない

ドラッカーとイノベーションを論じ合ったクレイムズも『ドラッカーへの旅』で、「ドラッカーのメッセージは何よりも『捨てる』ことだ」と総括し、「捨てきれなかった失敗」の例として一時期のソニーのケースを挙げている。

〈ソニーは一九七〇年代に、携帯型カセットプレーヤー〈ウォークマン〉を引っさげて市場に大旋風を巻き起こし、実に二〇年にわたってリーディング企業の座にあった。ところがやがて、アップルの〈iPod〉が登場し、人々のハートをわしづかみにする。それでもソニーの上層部は、長いあいだ自社への脅威を見くびっていた。iPodの販売が六〇〇〇万台を突破し〈iTunes〉からのダウンロードが一五億回という驚愕の数字をたたき出したあとですら、ソニーのウォークマン事業部は楽曲再生に特化したウォークマンを売りつづけた。この結果、アップルがオンライン音楽市場の七〇%を押さえるのを横目に、ソニーの音楽プレーヤー市場でのシェアはわずか一〇%に沈んだ。〉

同じ会社内でも、新しい技術・商品が生まれた際に、いまも利益をあげている技術・商品を重視し、結果として将来のより大きな可能性を捨ててしまうという例がある。将来の陳腐化を見越して新しい可能性を優先できるかどうか、それは、明日のために、なお輝きを残している「昨日」を捨てられるかどうかという戦略上の選択である。

「昨日を捨てなければ明日は来ないという可能性、ないしリスクをつねに念頭に置く必要がある」と言ったドラッカーの言葉が耳に残る。

地球環境対策として電気自動車（ＥＶ）が注目されている。その関連で、これまで日本のメーカー、とりわけトヨタ自動車が大ヒットさせたCO_2排出抑制効率の高いハイブリッド車の取り扱いが注目されている。

２０２１年７月、ヨーロッパ連合（ＥＵ）の執務機関であるヨーロッパ委員会（ＥＣ）が「ヨーロッパ・グリーンディール」政策に関し、２０３５年までにハイブリッド車を含むガソリン車の新車販売を全面的に禁止することを規定した法案を発表した。

さらに２０２２年８月には、アメリカのカリフォルニア州環境規制当局が、新車販売における排気ガスを出さないゼロエミッション車の比率を２０２６年から段階的に引き上げ、２０３５年にはガソリン車の新車販売を禁止するという政策を打ち出した。ここでもハイブリッド車はガソリン車だとして、販売が全面禁止となるという。

これらの措置によって、技術的要因でも市場のニーズの要因でもなく、政策要因から日本のメーカーが「破壊的なイノベーション」を強制される結果となる可能性がある。新しい規制が、ハイブリッド車を「捨てるべき昨日の自動車」にしてしまうという大変悩ましい微妙な問題を投げかけている。

インタビュー2

日本は特異性を失ってはいけない

（1994年9月10日　ドラッカー84歳のときの東京でのインタビュー）

◻日本に起こった二つのトレンド

――日本経済の低迷をどう思われますか？　日本の課題をどう見ますか？

日本は世界経済の過渡期のなかで過剰反応し、自分の実力を過小評価しています。これだけ長く発展を続けてきたわけだから、ある時期にある程度の調整期があるのは自然なこと。過去数年の日本のパフォーマンスは良好です。いまは過渡期で混乱しているのではないでしょうか。

世界では、この10年間に重要な二つのトレンドが起こりました。これらは永続的な影響を及ぼし、今後定着する要素です。

第一に、日本がアジアの主導的な経済パワーとしての地位を確立しました。アジアは潜在的に世界でもっとも大きな成長地域です。中国、マレーシア、タイ、インドネシアなど新たな成長地域で、日本は明らかに主導国になった。成長地域に近い日本は地理的に有利な位置にあります。

第二に、アメリカはハイテク（ハイテクノロジー）の分野で世界の主導国になりました。日本のこの分野での実績は低く、まだハイエンジニアリングの段階で、ハイテク段階に移行していません。アメリカはとくに情報分野で支配力をもちます。日本はコンピュータからインフォメーションへの転換に遅れました。日本はまだコンピュータに注目しており、インフォメーション分野での新しい挑戦がなされていない。アメリカに10年リードされました。

日本にとっての心配は、古い産業群が過渡期にあり、すべての分野で転換の過程にあること。伝統的な経営は時代遅れになりつつあります。日本の現代ビジネスは、岩崎の三菱、渋沢栄一の時代にまで遡ります。125年前です。それが急速に変わりつつある。情報に基づくビジネスに急速に移行しつつあるのです。

――欧米経済へのキャッチアップ過程では日本のシステムが見事に機能しましたが、これからはどうでしょうか？

日本がもっている大きな強みは、「決定する能力」と「大きな目的をもって実行する能力」にあります。日本の強みは、決定を下しながら考えるプロセスにあります。

私は、日本に特異な強さを与えたものを放棄しないように期待します。たとえば、企業と従業員の間のパートナーシップは維持したほうがいい。アメリカのダウンサイジングでの過ちを繰り返さないように希望します。アメリカでは10社に8社はダウンサイジングを行ったあと事態を悪化させた。

日本は組織の根本的な強みを維持すべきです。「企業と従業員の間の共感に基づいた組織」がそれです。アメリカはそれをなくしてしまい、有能な専門管理者は失望した。

日本の大企業はひどいスタッフ過剰になっています。管理部門があまりに多層的になっていることは明白で、情報が入手できるなら多層的管理職は不要です。また、企業活動の多くの部分がアウトソーシングされるようになっています。将来の組織はすべてを自社でやることはしません。日本は、アウトソーシングをとり入れながらも、日本の社会、組織（企業）の強さの源泉である「これはうちの会社だ」という気持ちを維持することが大切です。

◻ 時代遅れの金融システム

――日本のハイテクはどうでしょう？

私がわからないのは、日本は20年前にハイエンジニアリングの分野で圧倒的な優位にあったにもかかわらず、伝統的な製造業プロセスを組み立て直しました。いま、どの国も努力すればできることをやっている。今日、日本の自動車産業のもつ優位性もほんのわずかになりました。日本の産業組織はハイテクに向かないと思う。ハイテクは小企業で生まれ、大企業からは生まれにくいものです。
もっとも速い勢いで進展しているハイテク分野の一つはファイナンスです。ファイナンスは先進国では高度成長分野ですが、日本の金融システムは時代遅れになっていて、日本の金融機関には指導性がない。為替の分野もそうです。70％はアメリカ、30％はヨーロッパの金融機関が優位を占めています。

――日本の金融システムではベンチャーキャピタル、リスクマネーがなかなか生まれません。

日本のシステムは１００年前に、大企業に資金を提供するために組み立てられ、それがいまも変わっていません。

――「１９４０年レジーム」という説があります。総力戦を戦うための資源総動員のシステムだという説です。

金融ビジネスは成長分野です。日本では歴史的に個人の貯蓄管理が十分発達していませんが、日本は決意したときには新しいものの開発に見事な能力を示してきました。いま日本は、物事のやり方がよいのかどうかを問い直して新しいやり方を試みようとしています。これから日本は速やかに変わるのではないでしょうか。

また、日本には、「長期的に考えて短期的に行動する」というバランスがある。あなた方はとても楽観的で、同時に長期のビジョンをもっています。そのバランスがある。全部ではないが、相当の企業がそれをもっている。企業にとって、長期的かつ短期的に経営することは難しいことで、長期的にやるか短期的にやるかのどちらかです。ところが、日本では両者をバランスさせた経営が一般的です。

ただし、長期的な視点を見失った企業も多い。たとえば、大手コンピュータ企業がそうです。NECが唯一の例外で、富士通、日立、東芝は、まだコンピュータビジネスにとどまっていて、情報ビジネスに進んでいない。情報という言葉を取り違えたのです。

◻アジアの経済ダイナミズムの本質

――日本の特異性は、グローバル・コミュニティにおける利害の調和という点ではどう働くでしょうか? このユニークさゆえにグローバル社会で日本は難しくなるのでしょうか。

いろいろな考え方ができます。日本企業はグローバル・コミュニティで成功しています。私の大学の経営研究所で学んでいる日本の経営幹部はみな、「いま必要なのは日本以外の企業との提携だ」とリポートを書いてくる。「しかし、東京や名古屋の本社は、それをわかってくれない」と言うのですが、そうした状況は日本だけに限ったことではありません。

アメリカ、ヨーロッパの企業の人と話しても同様です。これまでのところ、ほとんどの企業は視野が狭く、地元中心。ドイツ企業を見ても、経営トップはみなドイツ以外で仕事をしたことがない。アメリカ企業でも、事業の70%が海外なのに、トップ経営者は一度も海外で生活したことがない。ごく最近になって、大企業でグローバルに事業ができるようになり始めたばかりです。大企業は、外の世界を十分理解できない。それは日本に限った現象ではありません。

本社より大きなアメリカ子会社をもっている日本企業の海外担当トップと話したのですが、彼らは「本社のトップに昇格することはない」という気持ちを強くもっていました。本社を離れたらもう戻れないというわけです。アメリカ企業でもつい15年くらい前まではそうでした。ドイツ企業ではいまもそうです。

いま、日本の企業もこれを理解し始め、日本の大手印刷会社はグローバル企業になった。京セラもそうです。しかしトヨタは違う。トヨタは日本企業でさえなく、名古屋の企業です。トヨタは、世界を愛知県とその他というふうに分類しているのではないでしょうか。

――アジアの経済ダイナミズムの本質は何だとお考えですか？　特殊性がその

背景だという指摘がありますが、以前は同じ要因が停滞の理由とされた。本質は、冷戦終焉後のアジア各国の開放政策と先進国からの直接投資の爆発的な増加がダイナミズムを生み出したということではないでしょうか。

中国とその他のアジアの国とでは質が違うのではないでしょうか。

中国はもっともエキサイティングであると同時に、もっとも危険です。緊張を生む原因がふくらんでいて、それは日増しに深刻になっています。爆発的ともいえる急成長を見せる沿海地域と、まったく停滞したままの内陸部との格差という問題があり、格差はさらに拡大する一方です。ある農業専門家は、中国の農業には1億人以上はいらない。9億人が余っていると言います。歴史的に、中国における問題の要因は農村にあります。大きな農民反乱が50年ごとに発生し、それは徹底的に破壊的なものだった。いま、社会的な緊張がきわめて高くなっています。このことこそが、高齢の指導者の誰が先に死去するかという問題よりはるかに重要です。

経済では、中国の市場は巨大なので、中国の産業は輸出主導にはならないでしょう。国内ニーズ主導です。国内市場の

著者とドラッカー氏（1990年代初め、東京にて）

ポテンシャルは膨大です。ただこれは、政治的、社会的な大混乱がないならば、の条件付きで、危険は大きいと思います。

——『新しい現実』では、ソ連崩壊を見事に予見しましたが、中国はどうですか？

私は予測はしない。私が見ているのはトレンドです。中国はこの先、10~20年、政治的、社会的に大変不安定です。ロシアについては、まだ発展へのきっかけがつかめない。崩壊過程が終わっていません。

あなたの「日本の課題は何か」という質問に対してですが、日本はいろいろな分野で先頭を走っています。新しい「成長市場」の開拓でも主導的、とりわけ中国市場の開拓という点ではそうです。しかし、別の視点で「成長産業」がどこかと見ると、日本が遅れているとは思わないが、依然として過去の製造業に大きく依存している。そこに労働力のほとんどが投入されている。「昨日の産業」では日本の競争力はきわめて強いが、これからの成長ポテンシャルは限定されています。ここに日本のインバランスがあります。

——いま日本では、強い官僚機構と規制の結果、企業が新たなフロンティアを開拓するうえで妨げになってきたという議論をしています。規制緩和、官と民

のバランスを議論しています。

一つの問題は、技術的専門化がより重要になったことにあります。官僚はゼネラリストです。現代社会が、どの程度まで、狭い分野の専門家に依存したものになるのか。技術、医学、教育などの分野で、日本の若い人は、ゼネラリストよりスペシャリスト志望のようです。だが、彼らは関心の幅が狭い。それは日本だけでなくユニバーサルな問題ですが。

――中国の古典『史記』は、政府を四つに分けています。①よい政府＝人民のなすがままにする、②次善の政府＝人民を教え諭す、③悪い政府＝人民を強引にある方向に向ける（規制する）、④もっとも悪い政府＝民と利益を争う。

いや、５番目の政府があります。カネのかかる政府です。これが最悪。アメリカの政府は金のかかる政府です。欧米、日本でも、政府がやることの半分は成果がありません。また、急激な変化の時代においては、政府は無力になりやすい。政府はきわめて保守的で、速やかに変化できない。それから、政府は確実性を必要としますが、今日は確実性の時代ではありません。

【追　記】

「トヨタは名古屋企業」だとの発言にショックを受けたのか、このインタビューが掲載されると、トヨタのスタッフが私のオフィスにやって来て「ほかにどんなことを言っていたのか」などと聞いた。トヨタはその後、大変身し、アメリカでの現地生産を始め、世界で生産・調達し、いまでは世界を代表するグローバル企業になっている。

第5章 徹底した人間中心主義

私はエコノミストではない

◻ドラッカーに叱られたこと

いつだったか、東京でインタビューした際に、一度だけ叱られたことがある。

「ドラッカーさん、あなたはこの問題についてエコノミストとしてどう思いますか？」と訊ねたときだった。

「コジマさん。いまエコノミストと呼んだね。私は断じてエコノミストではない」

「では、あなたのエコノミストの定義はなんですか？」とたたみかけると、「エコノミストはフィギュアマン（数字を扱う人）で、私は数字ではなく人間を見る。社会を見る」という返答だった。

さらに「経済学はあたかも物理学のような精密科学の方向にいっているが、経済学の対象は自然現象ではなく人間で構成する社会なのだ」とつけ加えた。私はドラッカー氏に叱られてから、「エコノミスト」と呼びかけることをやめた。

ドラッカーは自分のことを「社会生態学者（social ecologist）」と称していた。『すでに起こった未来』に収められた「ある社会生態学者の回想」のなかで次のように語っている。

〈経済については随分書いた。しかし、けっして経済学者ではない。歴史についても随分書いた。しかし、歴史家ではない。政治や政府についても書いた。しかし、政治学者として世に出たものの、とうの昔にそうではなくなっている。しかも私は、今日的な意味での社会学者でもない。〉

〈私は「社会生態学者」だと思っている。ちょうど、自然生態学者が生物の環境を研究するように、私は、人間によってつくられた人間の環境に関心をもつ。〉

〈私はしばしば未来学者と呼ばれる。しかし、もし私が絶対にそうでないもの、あるいは社会生態学者が絶対にそうあってはならないものを一つあげるならば、それは未来学者と呼ばれることである。〉

〈「社会生態学」とは、私の造語である。〉と言い、その仕事について次のように書いている。

〈社会生態学者の仕事は、すでに起こってしまった変化を確認することだということである。

社会・経済・政治のいずれの世界においても、すでに起こった変化を利用し、機会として使うことが必要である。

重要なことは「すでに起こった未来」を確認することである。すでに起こってしまい、もはやもとに戻ることのない変化、しかも重大な影響力をもつことになる変化でありながら、まだ一般には認識されていない変化を知覚し、分析することである。〉

◻ケンブリッジでケインズに学ぶ

日本経済新聞の「私の履歴書」で、ロンドン時代にフリードバーグ商会の仕事をしながら、毎週金曜日の夕方にはケンブリッジ大学に足を運んだことを述べている。ジョン・メイナード・ケインズの講義を聴くためだった。1934年、24歳のときだった。

ケインズはすでに経済学の大権威で、講義には数百人の聴講者が集まり、大盛況だった。まず、ケインズが数字を使わずに話し、次にユダヤ人の数学者が話さずに黒板に数字を書き続ける。この繰り返しで講義は3時間にも及んだ。講義のあとは、みんなで劇場に繰り出し、ケインズの妻である美しいロシア人バレリーナの演技を、深夜まで堪能したという。

ドラッカーは、20世紀最高の経済学者ケインズの講義で多くのことを学んだ。しかし、彼はケインジアン（ケインズ学派）になろうとは思わなかった。ケインズが商品の動きばかりに関心をもっていることに違和感を覚えたからだ。講義を聴きながら、自分の関心はモノではなく、人間であり、社会であると確信したという。

ちなみに、ケインズとならぶ20世紀経済学の大御所、ヨーゼフ・シュンペーターは、ケインズと同じ1883年生まれである。シュンペーターはオーストリアの田舎町で、ケインズはイングランドのケンブリッジで生まれた。彼らが生誕100年となった1983年、ドラッカーはフォーブス誌に掲載したエッセイ「シュンペーターとケインズ」のなかで二人を比較している。

〈ケインズの生誕一〇〇年は、数多くの書籍・論文・会議・講演会によって祝われたが、シュンペーターの生誕一〇〇年は、気づかれたとしても、博士コースの小さなセミナーでのことにすぎない。〉と書き、「しかし」と続ける。

〈しかしいまや、今後三〇年、五〇年とは言わなくとも、今世紀の残りの期間において、経済理論や経済政策に関して思考を形成し、問題を明らかにしていく者がシュンペーターであることは、ますます明らかになりつつある。〉

何によって知られたいか

本当に知られるに値すること

先にふれたように、ドラッカーはシュンペーターと近い関係にあった。ドラッカーの父アドルフは、経済官僚を務めるかたわら大学で経済学を教えていた1902年に19歳のシュンペーターに出会い、役所への就職の機会を提供した。アドルフがオーストリア＝ハンガリー帝国の外国貿易省の長官だったときで、当時、同省だけが経済学者を採用しており、彼は若手経済学者を登用して育成するゴッドファーザー的な存在だった。その後もアドルフはシュンペーターを支援し続け、ドラッカーもシュンペーターとの親交を重ねた。

私自身、学生時代にイノベーション論で評価の高かったシュンペーターの名著『資本主義・社会主義・民主主義』を仲間と熟読したことがある。人と社会、政治システムのあり方を論じたシュンペーターに人間中心主義のドラッカーが共感したことが理解できる。

ドラッカーの自叙伝とみられている『傍観者の時代』は、むしろ人生で出会った人物との交友録というべき著作で、ここでもシュンペーターがとりあげられている。また、『プロフェッショナルの条件』では、シュンペーターと父アドルフとのやりとりから教訓を得たと、エピソードを紹介している。それは1950年の1月3日、ニューヨークで、75歳になっていたアドルフが長く親交を重ねていたシュンペーターに会ったときのこと。ドラッカーも同行した。

このとき、シュンペーターは名を成していた。その名はまさに絶頂期で、彼はハーバード大学での最後の年を迎えていた。二人は昔話を楽しんだ。二人ともオーストリアに生まれ、ウィーンで仕事をし、4年違いでともにアメリカに移住した。

アドルフは突然、「ヨーゼフ、君は自分が何によって知られたいか、いまでも考えることはあるかね」と聞いたという。シュンペーターは『経済発展の理論』や『資本主義・社会主義・民主主義』などの名著を書いた30歳の頃、「ヨーロッパ一の美人を愛人にし、ヨーロッパ一の馬術家として、そして世界一の経済学者として知られたい」と言ったことで有名だった。

シュンペーターは答えた。「その質問はいまでも、私には大切です。でも、昔と考えが変わりました。いまは一人でも多く優秀な学生を一流の経済学者に育てた教師として知られたいと思っています」。

シュンペーターは数日後に亡くなった。アドルフが息子を連れて訪ねたのも、シュンペーターの病気が重いと聞き、もうあまり長くないと思ったからだろう。
この二人の会話から、ドラッカーは次の教訓を学んだという。
①人は何によって知られたいかを自問しなければならない。
②その問いに対する答えは、歳をとるにつれて変わらなければならない。
③本当に知られるに値することは、人を素晴らしい人に変えることである。

プロフェッショナルの条件　*The Essential Drucker on Individuals*

ドラッカーは、20世紀最大の出来事は「人口革命」であるという。量的には、世界人口の爆発的増加と先進社会の平均寿命の爆発的な伸び、さらに重要なこととして、質的に、労働力人口が肉体労働者から知識労働者へ重心が移動したことを指摘する。その知識と知識労働の特性、機会について認識を新たにするうえで必須の論文を、過去の著作から選択して編集した本。

□ 役に立たなくなった経済学

自らを「エコノミスト（経済学者）ではない」と強調したドラッカーは、いろいろな著作で経済学批判を書いている。

『新しい現実』では「岐路に立つ経済学」と題する章（第12章）を掲げ、〈一九七五年から八九年までの一五年間の経済の動きは、今日の経済学では説明できないものだった。予測できるものでもなかった。現実があらゆる経済学を超えた。〉〈新古典派経済学、ケインズ経済学、ポストケインズ経済学のいずれもが、経済をいくつかの変数が全体を動かすモデルとしてとらえる。しかし今日、経済を一つの生態系、環境、形態としてとらえるモデルが必要とされている。〉〈今日の経済学には、技術、革新、変化の類を位置づけるべき場所がないという問題がある。今日の経済学は、新古典派経済学と同じように、変化のない経済、すなわち均衡状態にある経済を仮定する。技術や革新や変化を外生変数として扱う。〉と論じている。

『断絶の時代』では、「役に立たなくなった経済学」という刺激的なタイトルの章を設け、1960年代に力をもったニューエコノミクスについて、〈これで導かれる結論は一つである。健康な子供がどんな医者でも育っていくように、健康な経済はいかなる経済学でも発展していくというだけのことである。〉と切り捨てている。

さらに、〈ケネディ減税が、不況を終わらせたといわれている。（中略）歴史の示すところによれば、あらゆる不況がなにがしかの景気対策が功を奏する前に終わっている。昔から、風邪は治るのに一五日かかるが、薬を飲めば一四日で治るといわれてきた。〉と言い、〈経済の健全さは、政府エコノミストの数と力に反比例するとの皮肉さえ聞く。〉と手厳しい。

同書で〈経済学における第一の陳腐化した前提は、均衡の仮説である。〉〈完全雇用を実現できるものは動的な不均衡である。〉と「均衡の仮説」を批判する。

私自身、学生時代、イギリス留学時代も含めて、それなりに経済学を学び、ケネディ政権時代の最高経済アドバイザーである大統領経済諮問委員会（ＣＥＡ）委員長でミネソタ大学の教授、ウォルター・Ｗ・ヘラー氏を訪ね、午前中いっぱいおつき合いいただき、著作の日本語版『ニュー・エコノミックスの理論』のサイン入りの本を頂戴したこともあるため、ドラッカーの指摘に納得しながらもちょっぴり複雑な気持ちになる。

たしかに、１９６０年代のアメリカ経済は好調で、ニューエコノミクスの人たちは政策によって景気循環をなくすことさえできるとする経済ファインチューニング（微調整）論を語っていた。ドラッカーはこう言い切っている。

〈今日経済学は、データとコンピュータを手にしたおかげで経済工学というべきものに変わりつつある。〉

〈分析のためのコンセプトや道具が、膨大なデータを与えてくれる。もはや無知であることはあり得ない。感覚ではなく理論に基づく経済政策をとらなければならなくなっている。しかる

にそれら膨大なデータは、今日有効な経済政策のための経済学が存在していないことを日々明らかにしているだけである。〉

１９７０年代に入り、石油危機のあと世界経済はスタグフレーションと呼ばれる状況、つまりインフレであるが実体経済は不振であるというインフレと停滞の合併症が世界の問題となった。その頃私は、いまは故人となった経済学の権威でノーベル賞を受賞したポール・サミュエルソン教授をＭＩＴ（マサチューセッツ工科大学）に訪ねたことがある。その際の教授のコメントを思い出す。

「経済学は精密科学ではない。解決できないことは解決できないと言わなければならない。古代ローマでは、伝令が『大王の軍隊が総崩れです』と報告すると、大王は怒って伝令の首をはねた。経済学者がよい答えを示せないからと言って、経済学者の首をはねないでほしい」

ドラッカーは私とのインタビューでユーモアをにじませて、こう言った。「私と経済学者の意見が一致するのは、私が経済学者ではない、という点においてである」。

関心はつねに「人間」にあった

▣ 人を見つめる優しい目

ドラッカー研究で名高いジャック・ビーティは、「ドラッカーの関心は人間である。経済はコミュニティと社会に奉仕しなければならないという、人間中心的な信念をもち、人間が第一で商品は二の次だとする」と論じている（『マネジメントを発明した男　ドラッカー』）。

私がドラッカーとホテルオークラで朝食をともにしたときのことである。

「日本は若者たちから変わるだろう。ここで人々の様子を見ていると、10年前と比べて、日本の若者の表情は明らかに豊かに個性的になった。日本の社会に若者が多様性をもたらすだろう」

ドラッカーは、「どう思うかね？」と問いかけるような表情で語った。

人を見つめるその目はつねに優しい。人と社会に愛情をもって接している。ときにそれが「お説教」とも受け取られるような発言になるが、決してそうではない。

「日本の変化の原動力は若者だ。現代の日本の大学生は大企業志向だが、アメリカでもかつてはそうだった。しかし、大企業が経営難になって求人を減らし、若者は仕方なく中小企業を選び始め、中小企業に優秀な若者が集まった。それが、今日のように創造的で活力のある中小企業がアメリカにたくさん生まれる背景になった。日本の若者の就職難も悲観することはない」『ドラッカーへの旅』の著者クレイムズは、「ドラッカーはインタビューのあいだ中、自分はなによりも人間、つまり他人に関心があるのだ、と述べていた」と紹介している。

18歳のときに、人間賛歌のオペラ『ファルスタッフ』に感動したのも、若いときから人間への強い関心、感性があったからかもしれない。また、幼年期の家庭のきわめて豊かな教育環境、とりわけ羨ましくなるほどに魅力的な人々に数多く出会ったことも人間への関心につながっているようだ。

□諸理論の中心に人間を置く

ドラッカーと親交のあった経営論の権威である小林薫氏は、その著『ドラッカーとの対話未来を読みきる力』で、ドラッカーの著作との出合いについて語っている。

氏は大学卒業後、企業に勤めたのち経営の勉強を始め、さまざまな経営学の本を読んでみたが、みな「帯に短し、たすきに長し」だったという。そして、多くのマネジメント論を読んだ果てに、諸理論を集大成し、その中心に人間を置くドラッカーの総合的な人間主体論に行き当たったと述べている。

小林氏は〈ドラッカーは「ベトナムのジャングルの中においてはすべての人がエグゼクティブである」と言っている。この「全員経営者」的な発想に、私は経営における人間の復権を読み取り、非常に感銘を受けたのである。〉と、その人間主体論を嚙みしめている。

氏は同書の序章で、日本においてとくにビジネスの場にいる人たちの間でドラッカーへの関心が高まっている背景として、三つを挙げている。

①現在の大変革は、経営学なら経営学、経済学なら経済学、あるいは政治学なら政治学とした、一つの専門の学問体系（ディシプリン）によるアプローチでは到底解決し得ない大テーマであり、学際的な総合力が必要であり、現代の稀有なる学際人ドラッカーが求められている。

②情報過多の時代に、本質的でない情報を削ぎ落とし、本質に肉薄することによって生まれる洞察力、先見力をドラッカーはもっている。

③個人としても集団としても、忌まわしい事件が周辺に頻発するなかで、人間の見直し、本当のあり方といったことへの疑問が生まれるとき、ドラッカー経営学のアプローチである人間主体経営学がなによりも必要とされている。

人間が集まって会社などの組織が生まれ、社会が形成される。「組織」「社会」の基本は人間である。ドラッカーはナチズムの社会・組織の分析をしたのち、アメリカに移住したときに、GMをはじめとする組織がアメリカを動かしている状況に注目し、企業という「組織」の研究に関心を深めていった。

「コンサルティングの仕事も結局は、人間への関心から始まった」とドラッカー自身も述べている。

◻ 資本主義からキャピタルを取り除く

1937年、ドリス夫人と新婚旅行を兼ねた船旅でアメリカに移住したとき、アメリカは大不況の真っ只中だった。

「その当時のアメリカでは、企業は病んでいたが、家族と社会は健全だった」と、ドラッカーは、厳しい経済環境のなかでも人々のモラルが高く維持されていることに感銘を受けたと、思い出話をしてくれたことがある。「人」「人間」をしっかり観察する同氏の姿勢がうかがえる話だった。

人間への視点は、人口問題への鋭い観察にもつながった。人口の絶対的な大きさだけでなく、出生率、年齢構成、年齢階層による価値観などの違いなどをしっかり観察することが『見えざる革命』における高齢化社会の分析を生んだ。

ドラッカーは、経営の面では「人はコストでなく資産だ」とし、人材活用論を説く。経営学におけるバイブルとも称される大著『マネジメント』は、「人間こそ最大の資産」と強調し、〈マネジメントのほとんどが、あらゆる資源のうち人がもっとも活用されず、その潜在能力も開発されていないことを知っている。だが現実には、人のマネジメントに関する従来のアプローチのほとんどが、人を資産としてではなく、問題、雑事、費用、脅威として扱っている。〉と指摘している。

再び小林薫氏に登場していただく。小林氏は、ジャック・ビーティが「ドラッカーは資本主義からキャピタルという語を取り除いてきた。彼は、キャピタリズムからキャピタルを取り除くことに60年間を費やしてきた」と分析していることに注目し、こう書いている。

〈ドラッカーがこれまで主張してきたものはすべて――バリュー（価値）、インテグリティ（廉直さ）、キャラクター（性格）、ナレッジ（知識）、ビジョン、責任、セルフ・コントロール、ソーシャル・インテグレーション（社会統合）、チームワーク、コミュニティ、コンピテンス（実力）、社会的責任、クオリティ・オブ・ライフ（人生・生活面での質重視）、それから自己実現、リーダーシップ、ディグニティ（尊厳）など――いわば、資本主義というものからキャピタルを取り除くために奮闘してきたことを証《あか》ししている。〉

ドラッカーの人間主義についてこう書いている。

〈ドラッカー自身の最近の著述を見てみると、役員会で恥も外聞もないような言辞を弄して行動する経営者、特に無責任にレイオフをするような人間は許さないというようなことを厳しい調子で書いている。そこにはドラッカーの人間に対する並々ならぬ思慮が潜んでいるように感じられる。〉

小林氏は『ドラッカーとの対話』で、「どの著作をとりあげてみても、冷たく突き放した分析とか、干からびた思想の形骸といったものは、ひとつだにない。いずれの書を開いても、心から人間と、人間の可能性、主体性、そして未来を信じ情熱を傾けて語る、ドラッカーの息吹が感じられる」と述べている。まったく同感であり、私自身も彼との対話、彼の著作を通して、それを実感した。

日本の経営については一時、人間重視の「人本主義」だといった議論があったが、バブル景気崩壊後の1990年代以降の日本の経営を、ドラッカーならどう見るだろうか。人間が資源でなく「コスト」と扱われ、低賃金の非正規社員を増やすなどして人件費を抑え、それで生まれた利益を積極的な投資、研究開発、人材教育などに使わず、手元流動性をため込むタイプの企業も少なくない。

昨今の日本企業の経営を、ドラッカーが見たらどう評価するだろうか。

□デミングは時代遅れになった

ドラッカーの人間主義に関連して、デミングについて述べたことを書いておこう。

「デミング賞」はご存じのように、工業製品の品質管理に功績のあった企業や個人に与えられる賞で、大変な名誉とされる。戦後の日本で品質管理を指導し、高品質の「メイド・イン・ジャパン」の評価を生み出すことに貢献したアメリカの統計学者、ウィリアム・エドワーズ・デミング博士（1900～1993年）の功績をたたえ、1951年に設けられた。

ドラッカーはデミングの親しい友人だった。しかし、2001年のクレアモント大学院大学での講義で「いまやデミングは時代遅れになってしまった」と言い切っている。

講義のなかで、「昔の大量生産時代の品質管理は工場現場で行われていたが、いまは設計段階での品質管理が大切になった」と指摘している。

デミング賞が対象としている品質管理はいまでも重要だが、デミングの品質管理が統計学的な手法を用いたものであり、ドラッカーはそこに「人間」の要素があまりないことに違和感をもっていたのではないかと、私は直観している。功労者であるデミングに対して厳しすぎる見方であろうか。

「人生」をマネジメントする時代

自分自身を経営しなくてはならない

ドラッカーとの交流を通して痛感するのは、彼の自らの人生に対する真剣さ、謙虚さ、人と社会に対する優しさ、表面でなく底流で起こっている変化を観察する冷静な洞察力などで、〝押しかけ弟子〟を自任する私は自らの不面目を恥じるばかりである。

晩年のドラッカーは、「自分自身をマネジメントしなければならない時代になった」とよく言っていたが、ドラッカー自身が見事に人生をマネジメントし続けたと実感する。18歳のときにヴェルデイの人生観に感動して以来、彼は自らを経営し続けた。

『傍観者の時代』のプロローグの冒頭に、彼の一貫した生き方を示した印象的な言葉がある。

〈傍観者は――劇場の消防係に多分に類似して――舞台の袖に立って役者や聴衆が気づかず見過ごすものを見る。なかんずく、彼は、役者や聴衆とは異なる見方で見る。そして省察する

――省察は鏡ではなくプリズム、それを見たものを屈折させて映し出す。〉

ドラッカーが「傍観者」としての自分を自覚したのは14歳になる直前だった。そのきっかけは、ウィーンの市民が共和制を宣言した日を祝う「共和国の日」のデモへの参加だった。赤旗を掲げて隊列の先頭に立って行進したが、自分が場違いなところにいると感じて隊列を離れて帰宅した。このとき、自分が生まれつきの傍観者であることを自覚したという。この姿勢は95歳で亡くなるまで続けられた。

「傍観者」はなすべきことを実行せず座視する者ではない。彼のいう傍観者は、社会や時代の潮流に飲み込まれることなく、自分の立ち位置をしっかり確保し、潮流を客観的に観察し、その本質を追求する者という意味だと思われる。

ドラッカーは自ら「傍観者」を任じ、この姿勢を生涯維持するかたちで自らのマネジメントをつらぬいたといえる。

1999年に行ったNPOのための講演で、「自分自身の経営」について、次のように述べている。

「さまざまな選択肢をもつ人の数が爆発的な勢いで増加している。そうした人たちは、歴史上初めて自分自身を経営する必要に迫られる。私の孫の話に耳を傾け、彼らのもっている選択肢を聞いてみると、とてもびっくりするような内容です。歴史上初めて。この世界はさまざまな選択肢であふれるようになりました。どの選択肢が自分に向いているのか、それはなぜか、どれが自分に合っているのか、自分の居場所はどこなのか、の決断を迫られます」

第二の人生を設計する三つの方法

ドラッカーは、自分自身のマネジメントが必要になった理由について、私に次のように語った。

一つは、歴史上初めて、人間の寿命がさまざまな組織の寿命より長くなったため。

もう一つは、技術の進歩によって、さまざまな新しい可能性が生まれ、多様な生き方を追求できるようになったため。

『明日を支配するもの』では、「人生をマネジメントする」というズバリのテーマを論じている。要約して紹介しよう。

人の寿命が組織の寿命より長くなった結果、まったく新しい問題が生まれた。第二の人生をどうするかだ。30歳で就職した組織が60歳になっても存続しているとは言い切れない。同じ種類の仕事を40、50年も続けるのは長すぎる。惰性になり仕事に退屈するようになる。まわりの人も迷惑する。しかし知識労働者には終わりはない。そこで第二の人生設計が必要になる。

その解決には三つの方法がある。①別の組織に移り、文字どおり第二の人生を歩む、②本業をパートタイムとして続け、同時にNPOなどで働くといったパラレル・キャリア（第二の仕事）の道をいく、③本業の時間を減らしソーシャル・アントレプレナー（篤志家）になる。とくに非営利の仕事を始める。

ドラッカーは、このように第二の人生の設計について述べている。

かつて日経ビジネス誌の編集を担当していた私の同僚が、「会社の寿命は30年」とする特集を組んだ。企業が同じビジネスを続けていれば、30年も経つと繁栄期を終える。多くの企業を調査したところ、ビジネスの内容を変えなければ、平均して30年でその企業は衰退するか消滅するという結果を得た。

生き延びるために事業内容の変更にあたって社名を変える企業も多い。たとえば1926年にレーヨンの製造・販売を目的に設立された「東洋レーヨン」は1970年に「東レ」に改称した。事業内容も変わり、医療・情報・環境分野に進出し、カーボンファイバーなど新素材を手がけて成長を続けている。カタカナ名で業種がわからないような社名も増えた。社名に縛られずに将来どんな分野を手がけてもいいようにするためだろう。

いまや、技術変化、社会ニーズの変化によって「会社の寿命は30年」よりも短命化している。

興味深いことに、ドラッカーは１９９９年に著した『明日を支配するもの』で、企業をはじめとする組織（大学などの教育機関、病院など）の平均寿命は30年そこそこだと言い、「しかも今日のような乱気流の時代にあっては、あらゆる組織がそれだけの寿命を保つことさえ難しくなる。たとえ存続しえたとしても、構造、活動、知識、要員は変わらざるをえない」と指摘している。

ドラッカーが言いたいのは、組織の寿命のことだけではなかった。知識労働者（１９６９年の『断絶の時代』で初めて使った造語）が中心となる時代では、勤労可能寿命が組織の寿命より長くなることに注目し、その結果、人々が第二の人生の準備を求められる。これは退職制度を含め、既存のいかなる制度も想定していなかった「革命的な変化」だと強調している。

そうした寿命の逆転によって、先進国では知識労働者が自らをマネジメントすることが必要になり、「人事部主導の人材開発などは遠い昔の出来事である」と言い切っている。そして、「もっとも困難な試練に直面している先進国は、この50年間、社会としてもっともうまく機能していた日本である」と日本に注目する。

ドラッカーによれば、日本の終身雇用制のもとでは個々の人間をマネジメントするのは組織のほうであり、個々の人間は会社を変えないことを前提にしている。働く者はあくまで組織によってマネジメントされる存在だった。

しかし、日本の終身雇用制はすでに大きな試練に直面し、修正が加えられつつある。「終身」とは名ばかりで、平均寿命が50歳以下だったときに定着した制度は、寿命が80年に伸びた今日「半終身」の雇用でしかない。

自分の強みを知り、学び続けること

いま日本では、労働力人口の減少が加速するなかで、産業の新陳代謝を促し、衰退産業から新分野の産業への労働力移動が求められている。ドラッカーが強調する移動の自由、弾力化である。

ところが、日本政府は企業に継続雇用の延長を求めている。新しい職場や産業への移動を促すのではなく、同じ企業（職場）での雇用をいっそう長く継続させようとしている。

この政策は、経済全体の活性化に資するものではなく、危機に瀕している年金制度を維持するために、年金の支給開始年齢を引き上げ、企業に長期雇用を要求するという辻褄合わせの姑息な措置である。変形した雇用延長であり、これでは企業も社会も活性化しない。また、雇用延長に伴うコストは若い世代の雇用を抑制する結果ともなりかねない。

しかも、若い世代は雇用されても低賃金の非正規社員となる傾向が強い。労働組合も組合員の雇用維持を重視し、非正規雇用の増加を黙認している。雇用が「財産」「既得権」となり、古参社員が同じ職場に長く居座り続ける傾向を生んでいる。ドラッカーが二十数年前に期待した「モデルになる日本」から遠くなる一方ではないだろうか。

ドラッカーが期待したように、若い世代が人より寿命が短い組織にばかり依存せず、自分の人生をうまくマネジメントできるようになるかどうか。若者だけでなく、自分の人生をうまくマネジメントすることが高齢化、長寿化する日本の社会と一人ひとりの大きな課題である。ドラッカーは「中年の危機」だとも言っている。

ドラッカーが分類した、組織を変えて新しい仕事をする「第二の人生型」か、本業を続けながらNPOなどで働く「第二の仕事型」か、あるいは「篤志型」か、どの道を選択するにしても自分をマネジメントすることが必要だ。その際、ドラッカーが強調するのは、自分の強みを知り、活用すること、学び続けること、それと十分に時間をかけて準備することである。大きな飛行機が離陸するには長い滑走路が必要である。

近年カルチャーセンターが流行っているが、それはえてして暇つぶしであり、長い人生のマネジメントとしては心許ない。何をするにしてもしっかりした準備と長い助走が必要だ。

以前、OECD（経済協力開発機構）による継続学習の各国比較のデータを見たとき、継続学習あるいは学び直しで日本は遅れていると感じた。

このデータは、大学における30歳以上の学生の比率を比べたもので、日本の比率は極端に低い。日本では、高校から大学に進学した若者が卒業と同時に就職し、そのまま同じ組織で働き続ける。企業も官庁も採用は新卒中心主義。職場での教育（ＯＪＴ）もあるが、それは組織が提供する学習であり、社員個人による学習ではない。バブル景気崩壊後の１９９０年代以降、企業はこのＯＪＴに振り分ける予算も削っており、社員はますます自らをマネジメントすることが必要になっている。

第6章 日本へのメッセージ

隣人を窮乏化させる政策はつねに自滅的だ

◻日本の「敵対的貿易」に対する批判

ドラッカーの日本に対する発言、論評はいつも建設的なアドバイスであり忠告である。ただ、日米の経済摩擦がピークに達した1980年代には、歯に衣着せぬ口調で日本の対外貿易に対する姿勢を批判した（インタビュー1にもその発言がある）。

当時、『通産省と日本の奇跡』を著したチャルマーズ・ジョンソン、「日本封じ込め論」で日本にショックを与えたジェームズ・ファローズ、『日米逆転』の著者クライド・プレストウィッツ、さらには『日本　権力構造の謎』の著者カレル・ヴァン・ウォルフレンといった論者がいっせいに「日本異質論（リビジョニズム）」を唱えた。そのとき、ドラッカーが言ったのは「敵対的貿易（adversarial trade）」だった。

「日本は売る（輸出する）だけで買わない（輸入をしない）。日本は敵対的貿易を行っている」――1986年に出版した『マネジメント・フロンティア』では、1章を設けて「敵対的貿易の危険」を論じている。この前にもフォーリン・アフェアーズ誌に同じ趣旨の論文を載せたことがある。

「日本異質論」は、日本が経済発展すれば、日本はより民主的になり、経済も開放的になり、国際経済の秩序安定に貢献するようになるという従来の見方が、日本の突出した貿易黒字不均衡などによって裏切られたとするものだ。日本は異質であり、アメリカのようにはならない。だから日本に対する見方と対応を変えなければならないという議論である。

『マネジメント・フロンティア』は次のように論じている。

〈「なぜ日本の輸出にばかりこだわるのか」と、日本からの訪問客は口をそろえて言う。「ドイツはもっと輸出しているし、貿易黒字も急増しているではないか」

しかし、日本は気づいていないだろうが、ドイツと日本には、一つの大きな違いがある。なるほどドイツは、日本よりも多くの製品を輸出している。ドイツより多いのは、アメリカだけである。しかしドイツは、世界で二番目に多くの製品を輸入している。ここでもドイツより多いのはアメリカだけである。ところが日本は、売るだけである。日本は買わない。日本は敵対的貿易を行なっている。〉

このように、日本の貿易姿勢を強く批判している。

□プラザ合意から日米構造協議へ

ドラッカーは続けて論じる。

〈アダム・スミスが定式化した一八世紀の国際貿易の基本モデルは、補完的貿易である。（中略）しかし一九世紀中頃から、先進国間においては、競争的貿易が主流となった。互いに相手国から自国でも生産できる同種の商品を買うようになった。（中略）ドイツはトラックやバスを含む自動車では、日本以上の輸出国である。と同時にドイツは、自動車を五台輸出するごとに三台輸入している。〉

〈もちろん競争的貿易では、敗者が出てくる。（中略）しかし全体としては、皆が得をする。（中略）しかし敵対的貿易では、輸出国も輸入国もともに敗者となる。もちろん輸入国は、ただちに敗者となる、輸出国は一〇年後あるいは一〇年以内に敗者となる。（中略）輸出国は、輸入国側の報復措置を防ぐことができない。輸出国は、相手国からの輸入をストップするという対抗措置をとれない。もともとそれほど輸入していないからである。〉

〈日本が自ら、敵対的貿易から生ずる最悪の事態を防ぐための手段を講じないかぎり、敵対的貿易を食い止めるための、あるいは少なくともそれを制限するための政治的な措置がとられることになる。しかもそれは、かなり早くとられることになる。だが日本には、これまでのところ、そのような手段を講じる気配もなければ、問題の存在を認識しているという気配さえ見られない。〉

〈しかしそれは、隣人を窮乏化させる政策となってしまっている。そのような政策は、つねに自滅的である。〉

まことに厳しい指摘だが、「敵対的貿易」に対してアメリカから強烈な対抗政策が生まれた。為替相場の面から日本の輸出競争力をはぎ取ろうとする為替相場の大調整（プラザ合意）、日本の輸入障壁を打ち壊そうとするさまざまな市場開放措置、日本の過剰な貯蓄を生産力、競争力強化につながる設備投資ではなく国内の非生産的分野に向かわせようとするマクロ経済運営面での要求などが出てきた。

それらが「日米構造協議」という名で１９８９年から展開されたワシントンからの一方的な対日要求となった。

「構造協議」とは日本側が都合よく翻訳した言葉であり、英語では Structural Impediments Initiative、つまり「構造的な障害要因」を除去するための交渉という表現だった。

◻ バブル崩壊から経済停滞へ

じつは、これらの一連の措置が日本の1980年代後半のバブル景気につながり、バブル景気崩壊後の今日にいたる日本経済の停滞の背景となった。日本に対する経済的武装解除の政策だったといえるし、武装解除をしすぎた感もある。

ちなみに、日本のバブル景気の崩壊はソ連の崩壊と同じ1991年だった。当時、中国はまだ発展途上国であり、アメリカ政府はヘンリー・キッシンジャーが仕立てた1972年のニクソン大統領訪中以降に展開したソ連包囲策の手段として、中国の発展支援を続けた。それはソ連包囲策であるだけでなく、中国が発展して豊かになれば民主主義に向かうようになると期待してのことだった。

しかし、近年の中国が産業と技術の基盤を確立し、政府幹部が「もはやアメリカを必要としない」と公言し、独自の国際秩序の形成をめざしだすに及び、今度は「中国異質論」がワシントンの主流となり、米中対立が先鋭化しているのが現状である。なお、ドラッカーは1989年の『新しい現実』で、当時まだ経済小国だった中国が大発展することを予想していた。

1980年代の日米経済摩擦は貿易の不均衡が中心だったが、直接投資の不均衡も問題だった。当時、アメリカは日本が対日直接投資を制限しているとし、資本の市場開放を求めた。

現在の日本は、優良な外国資本の対日投資を拡大し、それをテコに国内経済を活性化させたいと外資歓迎に転換したが、外国資本は日本以上に魅力的な国を発見し、対日投資はなかなか増えない。対日直接投資のGDP（国内総生産）に占める比率を見ると、日本は極端に低い。

かつて、〝片貿易〟だけでなく〝片投資〟も対日批判の対象だったが、いまや日本の対外経済関係における不均衡が日本自身の問題になっている。

「成功の罠」から抜け出さなければならない

□「社会的イノベーション」が山麓を革新する

ドラッカーの著作の日本語版につけられた序文には、日本についての鋭い分析があり、大いに参考になる。『イノベーションと企業家精神』の日本語版への序文にはとくに注目すべきメッセージがある。

ドラッカーはまず、〈今から五〇年前、ロンドンで銀行業に身を置いていたとき、明治時代における日本のイノベーションと企業家精神の歴史に完全に魅了され、その歴史や文化や芸術を勉強するようになった。〉と前置きし、現在の日本が必要とするのは、明治維新が成し遂げたような「社会的イノベーション」だと力説する。

技術のイノベーションは重要だが、〈ヨーロッパにおいても日本においても、イノベーションは、ハイテク産業だけの問題とされている。しかし、これほど危険な間違いはない。〉と強調し、この発想は〈山麓抜きに富士山の山頂を考えるようなものだ。〉と警告する。

山麓、つまり厚みがあり大きく広がった山すそは、教育、中央・地方の行政、雇用慣行、人材を支援する社会的な諸制度、価値観など経済・社会のインフラであり、それが富士山をしっかり支える。技術のイノベーションを支えるそうした山麓を革新するのが「社会的イノベーション」だと指摘する。

『ポスト資本主義社会』の「日本語版へのまえがき」では、過去40年間の日本の成功とともに得られた世界の安定は、欧米がすでに行ってきたことを、日本がさらによく進めてきた点に負うところがきわめて多いと指摘する。

また、〈実は、日本を際立たせてきたものは、欧米では行うべきこととしてすでに知られていながら、説かれるにとどまっていたものだった。日本を際立たせたものは、日本がそれらを実際に行ったからだった。日本を今日のような経済大国に導いた産業の力は、まさに工業化時代において行うべきことを、優れた規律と一貫性と卓越性のもとに行った結果、手にすることができたものだった。〉と繰り返し強調する。

イノベーションと企業家精神　Innovation and Entrepreneurship

「イノベーションの方法」「企業家精神」「企業家戦略」の三つの側面で、イノベーションと企業家精神を生み出すための原理と方法を論じている。**豊富な実例**（戦略と実践における成功例と失敗例〉を紹介しながら、重要ポイント、基本ルール、注意点を明らかにし、イノベーションについては、その機会を具体的に七つ提示して解説。

□ 自らの成功に疑問を投げかける

『イノベーションと企業家精神』には「創造的模倣」という言葉が出てくる。

〈日本はおよそ一〇〇年前、その資源を社会的イノベーションに集中することとし、技術的なイノベーションは模倣し、輸入し、応用するという決断を下した。そして見事に成功した。（中略）時に冷やかしの種とされている創造的模倣なるものこそ、きわめて成功の確率の高い立派な企業家的戦略だからである。〉

ドラッカーは、日本の明治維新は壮大な社会的イノベーションであり近代史の偉業であり、世界の歴史を「西洋史」から「本当の世界史」に変える結果にもなったと、再三指摘している。しかし、日本が技術と生産力で欧米に追いつき、経済・社会が知識化、情報化という新しい技術的なパラダイムに転換した今日、日本はこれまでの成功を生み出した諸制度・慣行を新時代に対応させる社会的イノベーションが再び必要になったと見ている。

技術で欧米に追いついた以上、日本自身が新しい技術的なイノベーションのフロントランナーとならなければならないが、それを実現するにも社会的イノベーションが不可欠だと論じている。ただ、日本が行うべき社会的イノベーションへの大きな障害は日本の20世紀における成功にあるとし、「成功の代償」「成功の罠」論を展開する。

つまり失敗が誰の目にも明らかであれば、従来のやり方、諸制度を改革しやすいが、成功に対して疑問を投げかけることはなかなか難しい、と見るわけだ。それだけに、新しいポスト資本主義の時代が要求するものが、とくに日本に対して厳しいものになると見る。

〈日本は、教育、医療、地方自治、労使関係、雇用慣行、その他のあらゆる社会的な領域において、自らの成功に疑問を投げかけるべきときに来ている。とくに日本の場合は、問題に対する解答として用意してあるのは、一〇〇年前の問題に対する解答であり、今日の問題に対するものではない。〉（『イノベーションと企業家精神』）と厳しく指摘する。

日本は過去の成功体験の発想から抜け出さなければならないとドラッカーは言う。

技術面、鉄鋼や自動車などの産業面での成功は大いに評価できるものだが、それらは20世紀のものである。21世紀にはより新しい技術、産業、世界の競争環境が生まれており、それに対応するには過去のやり方のさらなる強化、磨き上げではなく、新しい「社会的イノベーション」が不可欠だというわけである。

いま、日本政府は成長戦略のなかでイノベーション政策を重視しているが、そのイメージは依然「技術革新」である。今日、日本が必要としているのは、技術革新を含め新しい価値を生み出す環境としての教育、人材評価、新しい技術が利活用しやすい柔軟な制度、慣行など、日本の諸制度、慣行を改革するという社会的なイノベーションである。

なぜ日本は情報革命に遅れをとってしまったのか、新規産業が生まれにくいのはなぜか。ドラッカーが強調する諸制度改革という「社会的イノベーション」が、今日いっそう必要になっている。

「ひきこもり日本」にカツを入れる

◻明日の産業は昨日の産業からは生まれない

ドラッカーは、バブル景気崩壊後の日本の状況について心配していた。

情報化、デジタル化へ向けて技術、産業のパラダイム転換が進行するなかで、日本は「昨日の産業」を再強化、改善しようとしていると、再三警告していた。

週刊ダイヤモンド（1994年10月29日号）のインタビューで、次のように述べている。

「日本への心配は産業転換に遅れをとっていることだ。アメリカがハイテク、情報、遺伝子工学、生化学など新しい産業分野で支配的、指導的な地位を確立した一方、日本はコンピュータ製造から情報産業への転換に乗り損なった。消費者向けエレクトロニクス産業は成熟期。もはや成長の余地は限られている。自動車産業は成熟産業だ、鉄鋼などは過去の産業だ。つまり日本が大きく依存している1960年代の産業分野で世界的に競争が激化し、効率性を維持することが困難になっている。これが、最大の弱点だ。この弱点の克服こそが、日本企業にとって最大の課題だ。これは侮りがたい難問だ。なぜなら、日本の産業システムがあまりに従来型の産業や大企業に偏重し、硬直化しているからだ」

「日本の商業銀行は、これまで実に行き届いた融資を行って、従来型の産業や大企業の発展に貢献した。だが、反面、銀行や産業の機能は高度に組織化されすぎ、お互いに組み込まれて巨大化し、フレキシビリティを失ってしまった。そのため、新興企業や起業家への融資がほとんど不可能という袋小路に入り込んでいる。日本の伝統的な金融システムは、過去40年間、見事に組織化され、ニーズを満たしてきたが、新たなビジネスチャンスに対応できるようにはつくられていない。一層のリストラが必要。明日の産業は昨日の産業からは生まれない。今日、アメリカで成功をおさめているコンピューターメーカー、コンパックやHP（ヒューレット・パッカード）は製造を行わない。製造は純粋に製造だけを行っている外部の専門企業が行っている。フルセット型の企業はますます少なくなっている」

この議論は「成功の罠」論にも通じる。ただ、人間重視の観察から、こんな指摘もしていて興味深い。

「ホワイトカラー個々人のフレキシビリティがますます求められる。日本人にとってもっとも困難な挑戦だろう。しかし、変化の方向があちこちで見られる。最近日本企業から私の大学に送り込まれる中堅社員たちは、スペシャリストの道を目指している。会社が面倒を見てくれると期待するものが少なくなった。日本の企業小説でも、近頃登場するのは独立を夢みる企業家たちだ。社内抗争が主題だった20年前とは様変わりになった」

このインタビューでの「明日を見よ」との指摘から30年近く経ったいま、日本の若者の行動は変わり始めてはいる。だが、経済全体、社会全体はいまだ「昨日」にとらわれがちではないだろうか。

情報化、知識化といわれるなかで、たんなるモノづくりを超えた新しい経済が期待される。無形資産をもっと重視し、活用すべきだ。さらなる意識改革が政策、経営に肝要だ。それにはドラッカーが重視する「社会的イノベーション」が不可欠だろう。

◻新たなコミットメント精神で挑戦せよ

産業転換の重要性を示唆するデータがある。

猪俣哲史氏が『グローバル・バリューチェーン』（２０１９年）で紹介するｉＰｈｏｎｅの国際的な価値の配分についてのデータは、２００９年のｉＰｈｏｎｅの小売価格５００ドルがどう分配されたかを示している。中国への配分は6・5ドル、日本・韓国・ドイツの３カ国への配分は合計１６１・７ドル、そしてアメリカへの配分が３３１・79ドルと圧倒的に大きい。

モノづくりについて、生産工程の各段階（横軸）で生まれる付加価値（縦軸）をグラフ化した

「スマイル・カーブ」なる図がある。

生産の工程では、企画・設計、デザインが高い付加価値を生み、部品製造ではかなり低くなる。組立工程の付加価値はどん底で、そこは新興工業国が新たにたくさん参入する「メガコンペティション（大競争）」で部品・完成品の生産・供給国が爆発的に増え、価格破壊が生ずる。次の段階の販売、アフターサービス、さらにビジネス・サービスへと工程が移るにしたがって付加価値はどんどん高まっていく。

これは、単純なモノづくりからは高い付加価値を確保することはできず、高付加価値は企画力、設計力、そしてビジネス・サービスから生まれることを物語っている。自動車についても、近年は高度な自動運転技術、安全装置など情報化した部分に高い付加価値がある。自動車は単なる走る道具ではなくなった。

ドラッカーは、20世紀末までは「継続の時代」であり、日本はその時代の目標をことごとく達成して大成功を収めたが、いまや「断絶の時代」であり、「経済・社会が活断層の上にある」（『未来への決断』）とし、日本に対して、継続の時代に目標をことごとく達成した「成功体験」の意識から抜け出し、「明日」を見るように忠告する。

日本の20世紀の成功に関しては1994年の訪日の際のシンポジウムで、こんなことを言っている。

「私が初めて日本を訪れた1959年、日本という国全体が背負い込んだ復興のコミットメントは途方もないものだった。帰国すると、みんなに日本は次の時代の経済大国になるだろうと説いて回ったが、誰もが私の頭はどうかしていると思ったものだ。しかし、日本には〝目に物見せてやる〟とのコミットメントの精神があった。ところがいま、〝目に物見せてやる〟のコミットメントの精神が見当たらない。それがなくなれば、国というものは、あっという間に崩壊が始まる」。

日本は成功体験のノスタルジーにひたらず、明日の時代に対応する新たなコミットメント精神をもって挑戦すべきだと、ドラッカーは「ひきこもり日本」にカツを入れる。

成功体験は大切にすべきだが、日本を取り巻く経済環境、技術状況、国際的分業の姿が大きく変わるなかで、「明日」への挑戦、そのための意識改革、価値観の修正、それをリードするような諸制度の変革が肝心である。

ドラッカーは、日本は大きな挑戦を迫られており、これは受け身ではなく、過去に危機を乗り越えた際に力となった「危機意識」を思い起こすよう忠告し続けた。

未来への決断 *Managing in a Time of Great Change*

組織のエグゼクティブが行動の基礎としなければならないポスト資本主義社会の変化を

明らかにした書。「マネジメント」「組織」「経済」「社会」の大転換にいかに対応し、いかに行動すべきかを論じる。序章と終章に、ハーバード・ビジネス・レビュー誌などによるインタビューを掲載。

インタビュー３

乱気流の時代を語る

（１９９７年２月　ホテルオークラにて）

◻定年を75歳に

――お元気そうですね。八十何歳？

87歳。日本式の数え方だと88歳、米寿です。それでも、私は現役です。フルタイムです。この先さらにどのくらい働けるかわからないけれど、まだ働きます。これは、アメリカでも例外でしょうが、まったく異例ということではなくなりました。私の働くクレアモント大学院大学（カリフォルニア州）でも、私よりは年下だけど、それほど下でない仲間がいて、フルタイムで教鞭をとり、論文を書いています。

――最初の来日はたしか１９５９年でしたね。それ以後、日本をじっくり見つめてこられたわけですが、いまの日本のどの点に注目していますか。経済の面ではだれもが「閉塞感」を口にしています。

今回17回目の日本です。前回は2年前で、阪神・淡路大震災の前、リセッション（一時的な景気後退）のさなかだった。その後、日本も世界もだいぶ変わりました。日本では、政治が大変化した。しかし、経済はなお低迷し、経営者が自信を回復できないでいます。大事なことは日本だけでなく、世界中がいま大きな過渡期にあるということ。そのなかで日本は過剰反応している面があります。日本は、これだけ長くめざましい発展を続けてきたわけだから、ある段階である程度の調整期があるのは自然ではないでしょうか。大事なのは、過渡期の本質を見据えることです。

この2年間の変化も激しい。私もいろいろなテーマを研究しました。とりわけ関心をもっているのは、すべての先進国に共通する最大の挑戦としての人口問題です。それは、歴史上もっとも深い社会変革期を生んでいる。新しい変化のなかで人口変化ほど重要なものはありません。経済学者や政策立案者たちは、この問題に一番関心が薄いのだけど。

――ちょうど20年ほど前、あなたが『見えざる革命』で、高齢化社会の衝撃にいち早く警鐘を鳴らした。そのとき、私はクレアモントのお宅にうかがって人口の問題をじっくり講義していただきました。

人口構造の変化はものすごい。その影響についての研究の一つの結論は、この先15年くらいのうちに、2010年ごろまでに、すべての先進国で退職年限、定年が75歳になるということ。それ以外の解決はありません。

――日本でも高齢社会の問題を真剣に議論しています。経済の活力がどうなるか、年金制度、税負担への影響など、深刻な問題として議論している。ただ、納得できる解答がなく、それが「閉塞感」を増幅しています。

現時点では、日本はアメリカよりも若干若い。ぐんと若いわけではないが。問題はこれからであり、それだけに日本はいっそう速やかな対応をしなければなりません。

ドイツで年金が創設されたのは1889年のことで、当時のドイツは大変健康な国でした。それでも平均寿命は40歳に満たなかった。当時、アメリカは35歳。日本も35歳程度だった。どの国でも、人口の60％ないし70％が労働人口でした。ところがいまでは、寿命は75〜79歳。日本において現在のような退職年齢が続けば、2010年か2015年には、退職した健康な高齢者1人を3人の成人労働者が支えなければならなくなります。

働いている人が、所得の3分の1とか4分の1を健康な高齢者のために犠牲にすることができるでしょうか。まったく非現実的です。どんな社会でも、あるいは経済でも、これだけ重い退職者の荷物を背負い続けることは不可能です。

高齢者が健康な理由は、薬のおかげではありません。最大のファクターは労働の質の変化です。私が生まれた当時、10人に9人が農場や工場で大変な重労働をしていた。でもいまは、肉体労働者は5人に1人。残りは机に座っている。欧米の事故死で一番多かったのは、馬に蹴られたり噛まれたりした事故です。日本では馬は少なかったけれど、田植え仕事は大変な重労働でした。いまでは、その種の肉体労働をほとんどしていません。その結果、高齢者の3分の2は長命であるだけでなく健康でもあります。

健康寿命が延びています。明治後期、大正の時代には高齢者は身体が不自由でした。今日の高齢者は肉体的にも精神的にも健康でしっかりしている。これこそが人類史上の最大の変化です。人間の環境における歴史的な変化です。それによる影響が次の問題です。年金問題でも、きわめて明白なことは、高齢者を支える唯一の道は、高齢者が自分で自分を支えること。そのためには、もっと長く働かなければならないということです。

――高齢者比率の上昇と健康な高齢者の増加という現象を重ね合わせると、定年の延長という解が出てくることはわかりますが、職場をどう提供するのかが問題になります。

日本の制度の硬直性が問題になるのは、この点です。長く働くといっても同じ職場で、フルタイムで働き続けるかたちでの定年延長ではありません。おそらく高齢者の多くはパートタイムで働くでしょう。同時に重要なことは、伝統的に人々は被雇用者で従属者でしたが、これからはますます多くの人が、組織を離れてフリーランス、あるいは臨時の契約で働くようになります。その結果、伝統的なボス（上役）と部下という関係が変わる。

日本は封建制度を産業社会に移植し、この上役と部下の関係が強い最たる国ですが、それも変わります。半独立の人々になる。非常にフレキシブルな関係が生まれます。そうならなければ、膨大な数の高齢者の雇用は確保できないし、高齢化した社会を支えることもできない。もっとも豊かな国でも平均寿命が40歳以下だった１００年も前に設定された定年を維持できるはずがありません。

すべての先進国において、いかに高齢者に働き続けることへの意欲をもたせ、そのためにどんな仕事と職種を用意し、どんな勤務形態を導入するかが問われています。これへの十分な答えはまだありません。その答えを最初に見つけた国が、将来の競争力を確保できます。そうした国だけが、低賃金で働く生産性の高い若者を豊富に抱えた新興経済諸国と対抗できるし、グローバル経済のなかで優位に立てるでしょう。

60歳で定年になる日本人には、曾祖父の時代の勤労年限全体を上回るほどの余生がある。曾祖父の時代には、12、13歳から働き、20年足らず働けば寿命がきてしまった。現在では、60歳で退職すると、まだ寿命が20年残っている。ゴルフが好きで、それをやるだけの金もあるからといって、仕事もなく20年間もゴルフを続けたいと思いますかね。

クレアモント大学院大学の仲間は、私ほどではないにしても、相当高齢で講義し論文を書いている。人口変化に対応した（社会的な）変化がすでに起こっています。緩やかなペースではあるけれど。エコノミストは、高齢化問題を、若い時代に貯蓄すればいい問題だとし、高齢化に伴う貯蓄率の低下の問題くらいにしかとらえない。高齢者のための生産システムをどうつくるか、高齢者が自分を自分で支えることができるようにする仕組みをどうつくり上げるかこそ、重要な問題なのですが。

――高齢化と経済・社会のダイナミズムの関係をどう見るか。日本ではそこに関心があります。

私が心配しているのは、そうした問題より日本の出生率が低いことです。先進国で唯一アメリカだけが人口の再生産可能な水準を超えた出生率を維持しています。イタリアでは1以下、ドイツ、フランス、日本でも1・4程度でしかない。もっともアメリカの場合も南米などからの移民を除くと2を下回っています。

少子化の原因はなにかといえば、働いている世代が、高齢者を支えるためにすでに過重な税負担を強いられていることです。アメリカでは所得の5分の1が高齢者扶養のために使われていて、日本も同程度になっています。これは高すぎる。そこで、人々がストライキに入ったのです。子どもをもつには大変お金がかかる。その負担を下げるために子どもを産む数を減らしているわけです。

高齢化が進んだからといって、経済成長への影響がもっとも重大なわけではありません。私は経済成長についてはあまり心配していません。問題は先進国がサバイブできるかです。社会的にサバイブできるかどうか。日本の出生率の低下は国民の自殺です。この自殺を避ける道は定年を75歳まで延長すること。それしかありません。

□先進国の空洞化はない
——経済成長については心配しないと言われましたが……。

既存の産業だけ見ていては駄目です。鉄鋼生産の100年展望を試みたところ、世界全体として生産はいまのせいぜい3分の1程度の水準になるという結論になりました。経済はますます鉄鋼を必要としなくなる。今日、鉄鋼の最大のユーザーは自動車産業ですが、将来の自動車は鉄鋼製ではなく、プラスチック製になります。

これからは三つの分野が大きな成長部門となるでしょう。最大の成長部門となりそうなのは金融です。高齢者が初めて投資先を必要とするようになります。新しい金融市場、金融商品が必要です。高齢者は貯蓄を長持ちさせなければならないと心配しており、日本でもそれが始まっている。

第二の成長分野は情報関連の新しい市場。そこでは天然資源をほとんど必要としません。第三は、世界の人口の半分を占める中国やインドにおけるインフラ建設の分野。中国の鉄道を見たことがありますか？　インドへ行きましたか？　インドの鉄道は中国よりましですが、完全につくり直さなければならない。上海に行ったら、だれもが携帯電話を持っていたのが印象的でしたが、インドでもそうなりつつあります。

中国、インドには、いわば19世紀的なインフラストラクチャーの膨大なニーズがあります。輸送、つまり鉄道、港湾施設などの膨大なニーズです。中国には、近代的な港が上海など三つしかありません。中国は最低でも20の近代的な港が必要です。インドには一つしかない。したがって、そうしたところに成長機会があります。

——日本は産業の空洞化を懸念していて、それも「閉塞感」の一因となっています。

たしかに産業空洞化論が日本では盛んですね。しかし、それは違う。逆ではないでしょうか。日本の労働力はもはやブルーカラーではない。ブルーカラーは高齢者です。彼らの平均年齢は48歳くらいです。トヨタの労働力は平均47、48歳。ＧＭだと57歳。彼らの子どもたちは大学に行きます。高等教育を受けた人々向けの仕事はどんどん増えます。知識、専門労働を見ると、その比率は先進国では70～80％。そうした人たちの雇用は増え、国内に残ります。

われわれは労働集約型の仕事をアウトソースしますが、それも最近はアメリカに戻りだしました。アメリカでは、ブルーカラー労働でもアウトソースされるものはずっと少なくなっています。オートメーションの結果です。

もはや低賃金国は、低賃金であることだけでは優位性をもたなくなった。総コストに占める労働コストが８％まで下がったら、アウトソースの必要はなくなります。労働コストの比重が10％以下なら、中国に生産ラインをもつ必要はなくなる。20年前、綿織物は低賃金国でつくられましたが、いまは違います。シャツは中国の手作業でつくられますが、生地は違う。オートメーションで生産される。そのため、以前は肉体労働に頼った生産まで、先進国に戻り始めているのです。

先進国には高等教育を受けた若者がどんどん増えています。途上国では高い教育・訓練を受けた者を国内に引き止められないでいます。先進国以外でもっとも教育制度が発達しているのは、英国の制度がとり入れられたインドです。きわめてレベルの高い大学があります。ところが、その卒業生はアメリカで働いている。私の博士課程の学生はインド人です。学部で抜群の教授はインド人のコンピュータ専門家。彼らはインドにとどまりません。教育を受けたインド人やメキシコ人が、アメリカやヨーロッパで働いています。高等教育・訓練を受けた多数の中国人がアメリカやカナダにいます。だから、先進国では本当の空洞化は基本的にはありません。

――その外国人頭脳のことですが、日本の場合、頭脳の流入がきわめて少ない。

あなたは、自国をまったく例外的な国と比較しています。アメリカはつねに例外の国です。アメリカは移民の国です。ヨーロッパは日本とあまり変わりません。

――ヨーロッパにはインド人や中国人がだいぶ入っているのではないですか。

入ってはいない。はっきりノーです。教育を受けた人は自国にとどまっています。ドイツ語を話すオーストリア人やチェコ人はドイツに行きましたが、逆はありませんでした。法律家、医者は自国を離れられなかった。ドイツの医学の学位ではフランスでは開業できず、逆もそうでした。ドイツの多国籍企業、メルセデスやシーメンスでも、そこに働いているのはドイツ人だけ。フランス人もイギリス人もいない。アメリカだけが例外です。あなたが比較している対象が例外なのです。

――それではヨーロッパ、日本の双方が空洞化に直面するということにはなりませんか。

なりません。日本の場合は、おびただしい数の若い日本人が、少なくとも数年、アメリカで仕事をして、みな成功しています。いまの日本は、はるかにオープンになっています。たしかに、日本の古い伝統が外国人にとって難しい問題になっています。しかし、外国で教育を受けた若い日本人が日本に戻ってきています。またアメリカ中で日本人が経営や医学を教えています。彼らもいずれ日本に戻り、日本を変える。

ある意味で、日本の大学システムがひどく古ぼけて魅力がないことが、そうした変化を加速します。日本の大学は、１８６０年頃のドイツのシステムをいまだに続けています。１００年も時代後れになった。そのために、若い日本人、とりわけ女性にとってアメリカの制度が魅力的に見えます。そこで、彼らはアメリカで数年間教鞭をとったり、研究活動をしたりして日本に帰る。「日本から出たい」と若者に思わせるほどの〝魅力〟を日本の高等教育システムはもっているわけですが、重要なことは、彼らは、それでも数年後に日本に戻ってくることです。

そうした若者の絶対数は少ないけれども、それでも新しい空気を日本に生んでいます。明治の後期に、大学教育を受けた多数の日本人が数年の間、ドイツやアメリカ、英国に学び、生活したあと帰国した。そうした動きが再び起こっています。大正、昭和の時期には、それほどでもなかった。現在の日本はますますコスモポリタンになりつつあります。

◻意思決定は国家を超える

——経済のグローバル化をどう見ますか。

世界経済を見ると、中国を含むアジアのエマージング経済が急発展し、世界経済の活力源、重心は東南アジアへ移りました。大前研一氏は、本当に世界のなかで重要なのは日米欧の三極だと言いましたが、彼の予測は実現しなかった。なるほど、先進国は過去15年間成長しました。しかし、雇用はアメリカでは増えたが、日本では増えていない。ヨーロッパの雇用事情はかなり悪かった。ヨーロッパはとりわけハイテク、新産業で遅れました。三極地域は勢いがついていない。

工業生産は、この10年間決して衰えてはいませんが、成長、生産の中心は三極を離れています。発展のモメンタム（はずみ）は、途上国に移り、中国、アジアが先端を走っています。インドも最近になってやっと成長のきっかけをつかみました。韓国はポテンシャル（潜在力）を発揮するかに見えましたが、雇用創出が少なく、優秀な人材がアメリカへ流出しました。

15年くらい前には、皆が経済大国について議論しましたが、いまやそんなものはない。現在では、単独で経済大国といわれる国はありません。国の単位ではなく、産業の単位でとらえなければならない時代になったのです。産業別、産業間の競争の時代です。ローカルな企業でも世界規模で経営しています。世界レベルでの競争を考えなければなりません。企業間のアライアンス（提携）、パートナーシップによる対応が必要な時代です。

国家が不要になったわけではありませんが、意思決定は国家の単位ではなく、世界レベル、産業レベルで考えなければなりません。政府が経済、ビジネスに及ぼす影響力は決定的なものではなくなりつつあります。政府は経済、ビジネスにとって邪魔になることがあります。大きくなり、金がかかる政府になっても、ビジネスの上での影響力は低下します。不可避的にそうなります。

――そうした世界経済の大変動のなかでの日本経済の問題点はどこにありますか。「閉塞感」を払拭するための手だてはどこにあると思いますか。

私は、日本の情報技術での見事な業績に注目しています。コンピュータゲームのおかげで、日本はソフト面での強さももちます。経済成長率といった尺度はナンセンスになります。そうした成果をあげているのに、日本はなぜか大変悲観的です。今日、われわれは経済的にものを考える。経済的な現象でないものまで、経済的に考えます。しかし、社会はとてつもなく変化しています。

太平洋戦争後、世界はブルーカラーの時代でした。マスプロダクション（大量生産）の世界だった。しかし、自動車産業でさえいまや支配的ではない。雇用の面でそれは明らかです。今日、教育を受けたおびただしい数の労働者がいます。彼らは特段金持ちではないかもしれないが、立派な仕事をもち、いかなる伝統的な基準に照らしてみても、よい生活をしています。

今日の社会は変化があまりに大きく、その現実を理解しようとすると不安になるかもしれません。しかし、変化の現実は否定できません。この先10年間、本当の問題は経済の問題ではありません。社会の問題です。変化のスピードはあまりにも速い。信じられないほど速い。

先日、妻と一緒に東京のホテルのレストランで2、3時間過ごしました。おもな目的は食事ではなく、私たちはただ人を見ていました。

驚いたことがいくつもありました。若い人たちは、以前にもまして自信をもっているようでした。彼らの会社への依存心はずっと低下しています。教育を受けた若者は、企業の終身雇用が続くことを信じる一方で、自分自身は気軽に職場を変えることができる。同じ会社に40年もいなければならないとは思わなくなったのです。

――日本の特徴である大企業中心の経済は変化の時代にどうなると思いますか。あなたは、かねて中小、中堅企業の活力、柔軟性に注目していますね。

将来、中堅企業がいっそう重要になります。日本は、先進国のなかでも例外的に大企業が支配する経済になっている。大企業が生産の60％を支配している。アメリカではその比率が20％しかない。ドイツでも30％です。

欧米では中堅企業が大半を占めており、伝統的な系列集団をもつ日本経済ほど大企業によって強固に支配されている国は、先進国ではほかに見当たりません。欧米先進国経済を見ると、生産や利潤の成長のほとんどが、大企業ではなく中規模企業、あるいはマイクロソフトのような設立して日の浅い企業によってもたらされています。

しかし、日本も有能な若い世代が初めて中堅企業に入社する時代になります。それは、大企業が雇用を減らしているからです。若者は、中堅企業に入らざるをえない。この結果、中堅企業は初めて有能な若い人材を確保できるようになります。30年ほど前にアメリカで起こったことが日本でも始まったのです。アメリカでは、その結果、中堅企業が経済の中心的な存在になりました。日本でも20年、30年先に、中堅企業がはるかに大きな役割を果たすようになるでしょう。アメリカでは中堅企業が高度に専門化しています。それが中堅企業の強みです。

日本の将来を考えるとき、もう一つ関心があるのは政府の問題です。20年前までは、先進国のなかで唯一日本だけ、国民が政府を全面的に信頼していた。いまはどうですか。官僚が引き続いてもっとも有能な人材を集め、ビジネスと社会に対して、その意思を押しつけることができると思いますか。現在、官僚の能力とパワーがだいぶ弱くなったと見られる初めての兆候があります。それは必ずしもよいことだとはいえないかもしれません。それに代わるものが生まれるかどうかによります。いずれにしても、20年前のような官僚への全面的な信頼はもう過去のものとなったのです。

ほかの国と比べれば、日本では政府はまだそれほど尊敬を失ってはいないかもしれませんが、それでも欧米と同じ方向に向かうでしょう。その結果、日本の社会はより柔軟になります。柔軟な経済になります。ただ同時に、それは乱気流の起きやすい経済です。

日本のチャレンジが試されるとき

日本はパイオニアにならなくてはいけない

1999年10月末、翌月に90歳の誕生日を迎えるドラッカーの「卒寿の祝い」会が、クレアモント大学院大学ドラッカースクールの主催により、〝ドラッカー一門〟を集めて東京のホテルオークラで催された。

ドラッカー本人の来日はかなわず、会場でビデオ・メッセージを聞いた。

「皆さん今晩は。この意義深いパーティーに直接参加できないことは大変残念です。多くの友人たち、とくにドラッカースクールでともに楽しい日々を過ごした卒業生の皆さんの参加を嬉しく思います」と前置きしたメッセージの要点を紹介しよう。

「世界の現状を完全に把握することなど不可能です。誰にとっても不可能です。可能だと言う人がいても信用しないことをお勧めします。私たちはいま、大きな構造変化の渦中にあり、変化が起こるまで、その変化は理解できないのです。起こっている変化は前例のないものです。

明らかなことは、五つの重要なdevelopments（発展し続けている現象）が起こっていること。それらは今後20年間、ほかのどの国よりも日本に大きな影響を及ぼし、日本を支配することになるでしょう。

日本の世界経済における役割は大きく変わります。これまで、日本は欧米諸国が発明し発展させたものを改良することによって成長しました。過去10～15年、欧米諸国の過ちを観察し、改良することが日本の利益となっていました。しかし、その時代は終わりました。今後20年間の課題は、日本が率先して取り組んでいかなくてはなりません。日本人がパイオニアになるのです。欧米は日本から学ぶことになります」

◻ 世界を変える「五つの現象」

「第一のdevelopmentは、社会問題が主要な問題となってきたこと。とくに日本において顕著です。過去40年間は経済問題が主要な問題でしたが、今後25年間は社会、または社会問題が優位を占めるでしょう。これは人口構造の変化に起因しています。日本の少子高齢化は前例のないもので、いまのところ誰も答えを見つけていません。どのような疑問を提起しているかさえわかっていないのです。

いまわかっているのは、『退職』と『働くことをやめること』がまったく異なったものになるということ。

人々は退職後も働くことをやめることができなくなるでしょう。急増する高齢者は、コミュニティにかかわり、社会参加を必要としますから、当然収入も必要です。そのため、従来と異なる、新しい雇用体系を構築しなければならなくなるはずです。日本では、定年後の仕事を求める高齢者に、契約先、パートタイマーまたはアウトソーシング先として働いてもらうための仕組みをつくり上げるかもしれません。これが再び日本の強みとなるかもしれません。いずれにしても、伝統的な雇用体系が人口動態の変化によって崩れつつあることは明らかです」

「第二のトレンドは、英語圏の先進国（おもにアメリカ、イギリス、カナダ、オーストラリアなど）と日本および大陸ヨーロッパ諸国の間で相違が拡大することです。英語圏では今後25年間を担う若い世代が十分にいますが、大陸ヨーロッパ諸国ではすでに若い世代が減少しています。英語圏諸国の出生率が高いということでなく、若い移民を受け入れているからです。いままで移民を受け入れていなかった日本に、初めての移民受け入れ圧力が生まれます」

「第三のトレンドは、国内外のビジネスで起こっている基本的な構造変化です。合併ブームがいわれますが、スピンオフによるディ・マージャー（分社化）と構造再構築ブームが本質であり、合併ブームではありません。業務提携パートナーシップ、ジョイントベンチャー、ノウハウ共有などの革新的な関係が生まれています」

□ 知識による生産への移行

「四番目の大きな developmentは、eコマースが〝ビジネスのメジャー〟になるのではなく、〝販売チャネルのメジャー〟になると予想されること。アメリカで購入された新車の50%以上がネット上で取引されています。経済活動の重心が製造から販売・流通へ移行しています。さらに言えば、製造にかかわらない組織、会社が、経済の重心になりつつあるということです。

eコマースがもたらすインパクトはまだ顕在化していません。しかしそれは情報革命がもたらした強烈なインパクトであり、170年前の産業革命のときの鉄道のように社会に多大な影響を及ぼしていくことは明らかです。企業はいかにeコマースに適応していくかを探求していかなければならなくなる。eコマースに支配されるのではなく、いかにしてそれを自分の強みにするか、そのためにいかに自分自身を組み立てていくかが今後の課題となるでしょう」

「最後の五つ目のdevelopmentは、一番大切でありながら、もっとも抽象的、かつもっとも根拠が見つけにくいものです。20世紀を通じて、経済学者がいう〝天然資源製品〟、すなわち農産物、木材、金属、鉱物などの相対価格は下がり続けました。もし天然資源製品の工業製品に対する相対価格が1900年当時と同じだったら、日本は耐え難い貿易赤字に陥っていたことでしょう。日本は天然資源製品の相対価格低下の主要な受益者だったのです。しかし、このような時代は終わってしまったと言っても過言ではありません。

工業製品の生産量がかつてないほどのスピードで増えています。これは新興国において起きています。彼らは工業国になりつつあります。同時に、製造業就労者が確実に減少していきます。これは、日本とドイツ、すなわちいままで製造業に多くを依存してきた国における最大の課題です。

製造業における生産は上昇し、就業者が減少する。それに伴って、工業製品の相対的価格が確実に減少し続けます。経済の中心が移行するとき、国内外の経済に対して企業はどのようにポジショニングするのか。最初は流通に移行し、次いで労働資本による生産から知識による生産へ移行する。これはほかでもなくマネジメントによる生産です」

「こうした五つの developments がもたらすものに対して、最初に立ち向かう役割を演ずるのは日本でしょう。まさに日本こそが、リーダーシップに、新しい試みに、そして明日に対して答えを出していくことにチャレンジすることになるでしょう」

□古いシステムと新しい危機

この20年以上も前のメッセージは、いまでもそのまま通用するようだ。問題は、彼が最後に言った「日本のリーダーシップ」への期待に日本が応えられていないことではないか。

指摘された「五つの現象」は多くの先進国に共通のものであり、各国がチャレンジを迫られてきた。それは必要な改革、変革へのスピード競争でもあった。しかし、日本はこの30年間、スピード競争で明らかに後れをとっている。ドラッカーはそれを「成功の罠」だと言った。過去の成功モデルが時代に合わなくなったのに、それを捨てきれない。その結果、必要な対応が鈍くなってしまった。

バブル景気崩壊後の日本の長い停滞について、ロバート・フェルドマン氏が「CRICサイクル」論を唱えている。

日本は、危機（Crisis）に直面すると対応（Response）し、それによって状況が少し改善（Improve）すると、満足・安心（Complacency）してしまい、必要な新しいチャレンジに対して、十分なスピードで根本的な対応を断行できない。

その結果、経済・社会の十分な改革ができず、古いシステムを変えられないまま新しい危機（Crisis）に直面する。この繰り返しによって、日本と各国の変革のスピードギャップが生まれたとする見方である。

残念ながら、同氏に合意せざるをえない。政治が目先の選挙にばかり目を向け、必要な対応を先送りし続け、企業も「明日への挑戦」に消極的で、新しい産業フロンティアを十分開拓できないまま今日に至っている。

いわゆるアベノミクスは多くの「矢（政策・措置）」を並べたが、「弓」つまり痛みを伴う改革を実行する政治的意志を欠き、結果的に「ばらまき政策」となり、経済の基礎体力（潜在成長率）をあげられず、国の債務ばかりが膨張した。

アメリカの著名な投資家ジム・ロジャーズ氏は、金融緩和、円安誘導など「その場しのぎの弥縫策《びほうさく》で、日本経済を破滅に追いやろうとしている」と述べ、円安について「自国通貨を切り下げて中長期的に経済成長を遂げた国は存在しない」と強調する。また、防衛費「倍増」の政策方向については「日本の将来に何の役にもたたない。取り組むべきは少子化対策と移民政策、（モノ・サービスの）世界一のクオリティ維持だ」と忠告する（文藝春秋2022年10月号）。

2022年、円安が進み、ドル建てで見た日本の名目GDPは30年ぶりに4兆ドルを下回るペースだ。世界のGDPがこの間4倍となったのと対照的である。

どう見ても日本はドラッカーの忠告、期待に対応できていない。日本はその指摘をあらためて噛みしめる必要がある。

エピローグ
ピーター・ドラッカーの最終講義

◻ 政府、企業、ＮＰＯ

２００５年３月、ドラッカーは「ドラッカースクール」（クレアモント大学院大学）で、「21世紀のＮＰＯのリーダー」をテーマとする友人教授の授業に特別ゲストとして登壇した。亡くなる８カ月前だった。前年に骨折し、ソファーに座ったままでの最終講義となった。

ドラッカーは以前から非営利組織（ＮＰＯ）に強い関心をもち、学校、病院、教会、ボーイスカウトなどの非営利組織のコンサルタントもしていた。１９９０年には『非営利組織の経営』も著している。「マネジメントを発明した人」といわれるドラッカーは、政府であれ企業であれ、大学のような非営利の組織であれ、どれもがそれぞれの「使命」をもつ、社会に不可欠な組織であり、それらが機能するためにマネジメントが重要だと強調する。

この最終講義ではこんなことを述べている（ダイヤモンド・オンライン「仕事に効くドラッカー」）。「ＮＰＯという言葉には問題もある。利益の欠如の側面が強調されるからだ。歴史的に政府が運営する行政機関と民間が運営する企業という二つの潮流があるが、そのどちらにも属さないコミュニティ組織があり、それがあらゆる組織の7～8割を占める。便宜上NPOと呼ばれるだけで、利益があるかないかは税制上は重要だが、経営の面では区別する意味がない。

アメリカでは非営利の公営病院と営利の民間病院が軒を並べて競争しているが、患者にとっても医師、看護師にとっても営利か非営利かは関係がない。マネジメントの観点からは、区別は無意味であり、どちらの形態の組織でも答えるべき問いは同じである。成果は何か、目的（使命）は何かである」

その4年前、2001年にドラッカーは同大学院大学で「非営利組織を経営する」と題する講義を行った。そのなかでガルブレイスとの対話を紹介している（リック・ワルツマン編『ドラッカーの講義』*The Drucker Lectures*, 2010）。

〈一九五〇年代に最も輝いていた経済学者と言えば、ジョン・ケネス・ガルブレイスでしょう。一九五八年に著した『ゆたかな社会』の中で、ガルブレイス氏本人が認識していたセクターは二種類だけでした。それは、政府と企業です。ハーバードの教授であったガルブレイス氏は、ハーバードが政府でもなく、また企業でもないことに気づきませんでした。（中略）ガルブレイス氏は第二次世界大戦時代からの私の古い友人です。そのとき私はちょっと冗談めかしてこう言いました。「実は、アメリカには大きな組織が三種類あるんです。その中で最強の組織

がハーバード」。それに対しガルブレイス氏は「まったく気がつかなかった」と答えたのです。〉

□ 非営利組織が発達した日本

ドラッカーは歴史、文化から科学に至るまで驚くほど幅広い関心をもち、彼の著作、言動には幅広い視点からの「知恵」がちりばめられている。私は、彼が本格的なリベラルアーツを身につけた思索家だとつねづね感じていた。

『非営利組織の経営』の日本語版の序文では、NPOに関連してこう述べている。

〈いまも機能している最古の非営利組織は、日本にある。奈良の古寺がそれである。創立の当初から、それらの寺は、非政府の存在であり、自治の存在だった。もちろん「企業」でもなかった。日本にはかなりの数の非営利機関、つまり、美術館、病院、私立学校、そして私立大学がある。しかも非営利のある領域では、日本は世界で最も進んでいる。あらゆる種類の産業団体である。それらの団体は、同業の企業間、異なる産業間、そして産業と政府間の橋渡し役を務めている。〉

日本の神社・仏閣のほとんどは寄進によって建造された。聖武天皇が古代国家の威信を示そうとして進めた奈良・東大寺の建設も、行基の勧進、つまり寄付集めで支えられた。弁慶の物語に出てくる勧進帳は、堂塔・仏像などの建立・修理のために人々から寄付を集めるための帳面である。

日本にはしっかりした寄付の文化・慣習があった。それが変わったのは、明治維新以降の中央集権化と、外国との戦争遂行のための「国家総動員」体制のもとで民間の経済的なゆとりを税金のかたちで中央に集中させたことがきっかけだった。

日本の寄付に対する免税措置はいまだにきわめて限定的だ。国家総動員が終わっても、民間のゆとりを国家に集め、政府がそれを配分する仕組みが続いた。それが、日本の非営利組織（NPO）の発展が欧米より遅れた背景にある。

近年、寄付に対する免税措置が少しずつ拡大してはいるが、明治以降の日本では公共的活動は官（政府）が行い、営利活動は企業の仕事とする発想が強く、中間の「第3セクター」が育ちにくい。ドラッカーは、この第三の公とされる第3セクターが新しい価値と豊かな文化を増進する組織としてますます重要になってきたと強調し、NPOに対して熱心なコンサルティング・サービスを行っていた。

私が理事としてかかわっている設立35年のNPO「ケア・インターナショナル　ジャパン」

の本部はアメリカにあり、設立75年になる。ケア（CARE = The Cooperative for Assistance and Relief Everywhere）の活動目的は、世界の貧困解消、児童・女性への差別の解消などで、ドラッカーはこの団体をコンサルタントとして支援していた。

ケアは多くの国に支部をもち、９３００人もの高度な専門性をもつスタッフが世界１００カ国以上で人道支援を行っている。残念ながら、日本はスタッフの数はもとより、集められる寄付の額で完全に後れをとっている。日本は、こうした分野においてもドラッカーが強調する税制を含めた社会的なイノベーションが急務だと思われる。

かつて日本では寄付は「旦那」が行っていた。私はコロナ禍で在宅時間が長くなった２０２０年から、ほとんど毎朝、般若心経の写経をしているが、般若心経は三蔵法師玄奘によるインドのサンスクリット語の漢語への「音訳」である。般若はパーニャ＝知恵、波羅はパラム＝彼岸に、蜜多はイータ＝到れる、という具合である。

ＮＰＯなどとも大きな関係がある「寄付」は、サンスクリット語のダーナが語源だという。ダーナは布施、あるいは布施をする人のことで、これがヨーロッパに伝わってドナーとなり、日本に伝わってダンナ（旦那）となった。

旦那は寄付をする人で、日本には金をもっているだけでは尊敬されず、寄付や社会貢献活動を行うことを評価する伝統があった。それが、明治維新以降、中央集権となり、とくに日露戦争など戦争を背景に民間のカネを税金でとりあげ、中央政府が再配分する格好になった。今日では旦那衆なるものはいなくなり、寄付の慣習が弱まったままである。

□「私の関心は何よりも人間にある」

ドラッカーは2004年に腹部の癌を患い、股関節の故障にも悩まされた。

彼は「長寿よりも安らかな死こそが人間の願いだ」と再三語っており、しっかりした死生観をもっていたと実感する。そして、ヴェルディから得た人生観を実現する格好で亡くなる直前まで現役だった。

亡くなる6カ月前には体調が思わしくないなかで、ビジネスウィーク誌のインタビューにも応じている。このインタビューで、「自分の関心は何よりも人間にある」と述べたという。私とドラッカーとの対話もいつも社会全般がテーマだった。

彼の名前の影響力を圧倒的なものにしたのは、世界的なベストセラーであり、今日も版を重ねる『マネジメント』である。多くの経営者の座右の書となっているが、この歴史的な大著も、いかに利益をあげるかといった経営のノウハウものではまったくない。

ドラッカーは、マネジメントには、自らの組織をして社会に貢献させるために三つの役割があると強調している。すなわち、

①それぞれの組織に特有の目的とミッション（使命）を果たす
②仕事を生産的なものとし、働く人たちに成果をあげさせる
③自らが社会に与えるインパクトを理解し、社会的な貢献を行う

つまり、利益は目的ではなく使命を果たす手段だという視点である。

さらに、『マネジメント』には「人こそ最大の資産だ」とするドラッカー精神があふれている。「資産」である人を活かすうえで、「権限」と「権力」の混同を避けるべきだと論じている点も興味深い。

〈権限と権力は異なる。マネジメントはもともと権力を持たない。責任を持つだけである。その責任を果たすために権限を必要とし、現実に権限を持つ。それ以上の何ものも持たない。〉

人間と組織への関心、それを活かすために「マネジメント」を追求した出発点は、彼が生まれた時代の厳しさと、社会制度を含む組織の失敗が全体主義を生んだと直感した少年時代にあるようだ。それは、処女作『「経済人」の終わり』を読めば実感できる。

そうしたしっかりした問題意識、人と社会に対する暖かい心を恩師ドラッカーから実感できたことが私の貴重な財産となった。恩師への感謝の気持ちでいっぱいである。

追悼

人と社会への愛情をもって時代洞察を続けた思索家

（「ドラッカー氏を悼む」日本経済新聞２００５年11月11日付）

◎「日本は私の恩人だ」

ピーター・F・ドラッカーは驚きであり、感動である。時代と社会の洞察力は最後まで鋭かった。新鮮な視点と深い洞察力にあふれる多くの著作には共通点がある。それは、経済、社会の潮流を抽象的な数字ではなく「人間」を通して見続けたことである。

彼にある問題で「エコノミストとしてどう思うか」と問いかけ、ひどく叱られたことがある。「私をエコノミストというのは誤解もはなはだしい。エコノミストは数字ばかり見るが、私は数字より先に人を見る」と。

私は１９７９年にカリフォルニアの彼の自宅を訪ねた。70年代半ばに著した高齢化社会への警鐘の書『見えざる革命』を読んだのがきっかけだった。だが、出版当初、この書は不評で、売れもしなかったという。当時のアメリカは圧倒的に若者社会だった。ベストセラーは『緑色（若者）革命』だった。しかし、20余年、戦後ベビーブーマーたちは「グレー」になり、同書が突然読まれだした。

80歳のときの著作『新しい現実』は、人口動態分析をもとにしてソ連の崩壊を洞察した。日本の人口問題についても昔から観察を続けていた。日本は高齢化に伴い年金問題などで大騒ぎしているが、氏は十数年も前から「人口変化の影響をもっとも早く、もっとも強く受けるのは日本だ。世界でもっとも長寿の日本が、もっとも早い定年制を敷いていることが最大の皮肉である」と警告していた。

同氏をエコノミストと見るのは誤解であるが、ハウツー経営学者と見るのはいっそうひどい誤解である。彼が29歳で出版（脱稿は26歳）した処女作『「経済人」の終わり』は、いまだに世界で読まれ続けている。ナチズムへの強烈な批判の書であり、出版に数年を要したのは、ヒトラーが政権をとったなかで、出版社が尻込みしたためとみられる。

◻「日本人はもっと自信をもっていい」

日本とのかかわりは、24歳のときに接した日本画への感動からだという。ヨーロッパ大陸が狂気のナチズムに抵抗するすべもなく蹂躙されていくのを目の当たりにした同氏は日本画を介して「アイデンティティも失わず、根本的な改革を行った明治維新」を発見し感動する。

「明治維新は人類史上例のない偉業であり、この明治維新への探求が、わたしのライフワークになったもの、すなわち社会の絆としての組織体への関心へとつながった。したがって、日本は私の恩人だ」と言っていた。

その日本が「失われた十年」で悲観主義にとらわれているときには「日本は明治維新、さらに第二次大戦後の復興・成長と、二つの奇跡を抜本的な構造改革によって達成した。そうした社会の資質、柔軟性に日本人はもっと自信をもっていいし、もってほしい」というのが氏の恩人・日本人へのメッセージだった。

いわば〝押しかけ弟子〟として20世紀有数の思索家ドラッカーの知と志、それと温かさに感謝を込め、冥福を祈りたい。

おわりに

ドラッカーに学び続けて

私は、ドラッカーの〝押しかけ弟子〟となってから、ジャーナリストの仕事をするなかで、〝恩師〟の「傍観者」「社会生態学者」の発想を思い浮かべながら、自らのあり方を点検するようになった。

大学時代は、経済学を学びつつ、経済・社会についての関心を深めた。低い山々を歩いて自然観察をする気楽な仲間との交流に加え、経済を研究するグループにも加わった。1911年創設の「総合学術サークル」と銘打った「政治経済攻究会」なるグループで、いまでも続いている。「私は経済学者ではない」と言うドラッカーと同様、数字を追うことにはあまり興味はなく、経済にからむ思潮として政治・社会の動きに関心があった。アダム・スミスの『国富論』『道徳感情論』、ドラッカー父子が親交を重ねたヨーゼフ・シュンペーターの『資本主義・社会主義・民主主義』、ウォルト・ロストウの『経済成長の諸段階』などを輪読した。

4年生になって卒業後の進路をいろいろ考えたが、経済関係に関心があったため、大学院に進んで研究を続けること、経済研究所で実体経済を学ぶことも考えた。経済専門の日本経済新聞社、経済書を多数出版する東洋経済新報社にも興味があった。

東洋経済新報社は政治経済攻究会で輪読したシュンペーターの『資本主義・社会主義・民主主義』やケインズの『一般理論（雇用・利子および貨幣の一般理論）』の出版元なので、おのずと関心が向いた。1876年（明治9年）に「中外物価新報」を創刊して始まった日本経済新聞社は、茅場町から大手町に本社を移転したばかりだった。圓城寺次郎社長のもと、それまでの証券新聞的なイメージを経済総合紙へと転換し、文化面も一般に評価されるようになり、美術専門家が高く評価したロシア秘宝展などを主催したときだった。

そんな迷いのなかで、日本経済新聞社の就職試験が一番早く、いち早く合格発表があったため、同社に入社を決めた。その年（1964年）は東京オリンピックの年にあたり、従来は秋に入社試験をしていた新聞社各社がこぞって試験日を繰り上げたという事情があった。私自身、経済の現場を見ることから始めるのも悪くはないと考えた。

ドラッカーが初来日したのは1959年。すでに経営学の権威として日本でも注目されていたが、私自身は企業の経営問題はあまり関心がなく、著作を手にしたことはなかった。

ドラッカーとの出会いは、本書の冒頭にもふれたように、私がニューヨーク支局で仕事をしていた1979年にカリフォルニアの同氏自宅をインタビューのために訪れたときだった。インタビューのテーマは人口高齢化の問題だったが、私は、彼の人となりと人口問題を観察しながらの経済・社会についての総合的な思考に感銘を受け、すぐさま彼の著作を読みだした。

まず手にしたのが処女作『「経済人」の終わり』で、その後、『断絶の時代』『傍観者の時代』などを感動しながら読んだ。経営書も手に取ったが、彼の経営書の多くはたんなる実務書ではなく、歴史、文化、価値観、倫理、政治まで包み込んだ総合的な教養にあふれていた。それは、ジョゼフ・A・マチャレロとカレン・E・リンクレターによる『ドラッカー　教養としてのマネジメント』が「ドラッカーの経営論はリベラルアーツだ」と指摘したとおりである。また、ドラッカーは現実、現場の観察を重視し、さまざまな変化のなかで何が根本的で永続的な変化なのかを観察し続けており、理念先行ではない点も魅力だった。

私はたまたま新聞社の仕事についたが、おそらく「新聞記者」としては落第だった。これといった特ダネは得られなかった。大きな変化（ニュース）に接すると、その背景や将来への影響などへとすぐに関心が向いてしまうのだ。日々の出来事より中長期の潮流変化をどう見るかに関心があった。私の仕事ぶりは新聞記者ではなく、それより広義なジャーナリスト、ドラッカー流にいえば「傍観者」だったのかもしれない。

□潮流を観察するジャーナリスト

ジャーナリストの活動には、日々の出来事の取材、調査報道、一定の視点からの考えを訴える言論活動といったさまざまな要素がある。ジャーナリスト、あるいはジャーナリズムの具体的な姿としては、徹底した現場観察を重視するジョン・リード型、潮流観察のアレクシス・ド・トクヴィル型、論陣を張る徳富蘇峰型などがある。

ジョン・リード（1887〜1920年）はアメリカのジャーナリストで1917年のロシア10月革命を最前線で取材し、ルポルタージュ『世界を揺るがした10日間』を著した。レーニンにも密着取材をし、映画『レッズ』の原作になった。

トクヴィル（1805〜1859年）はフランスの政治学者、法律家、裁判官、さらに国会議員、外務大臣まで務め、国権の三権力すべてを経験し、アメリカのリベラル思潮、民主主義を観察して『アメリカのデモクラシー』を著した。アメリカ研究者にとっていまも必読の名著である。ドラッカーはこのトクヴィル型だといえる。

徳富蘇峰（1863〜1957年）は明治から昭和初期にかけてのジャーナリスト、思想家、歴史家である。「國民新聞」を発刊、「新聞記者は歴史家であるべし」と言い、「記者とは〝記す者〟であり、生涯にわたり一記者となるべし」と自ら任じた。当初、自由民権運動に参加し平民主義をとなえたが、日清戦争後は国家主義に傾斜しており、その〝変節〟が指摘されるが、主張する言論型である。

私は、能力はともかく、トクヴィル型、ドラッカー型に強い思いがある。

サプライサイド経済学の興隆

日本経済新聞のニューヨーク支局には1978年秋から82年春まで3年半ほど勤めた。

日本経済新聞の海外支局は1952年（昭和27年）に、世界経済の中心であるニューヨークとロンドンの支局が最初に開設された。日本の経済力は弱く外貨不足だったこともあり、当時、両支局とも記者は一人だけだった。私がニューヨーク支局で記者活動をしたときにはワシントン、ロサンゼルス、シカゴ、ヒューストンにも支局があり、ワシントン、ニューヨークとも数人の記者がいた。

政府と中央銀行（FRB＝連邦準備制度理事会）による政策、会見はすべてワシントン支局がカバーし、ニューヨーク支局には政策の仕事はなかった。支局には私のほかに個別企業、産業を取材する産業記者とウォール街の証券市場、企業財務関係をカバーする証券記者がいた。私の担当は、「その他」で、政策面ではFRBの執行部隊であるニューヨーク連邦準備銀行と国連の取材しかなかった。

私がおもに取材したのは、アメリカ各地にある研究所、大学などと、社会の潮流、思潮についてだった。のちにＦＲＢの議長となったアラン・グリーンスパンは当時、ニューヨークで経済研究所をもち、コンサルタントビジネスをしていたので、私は新聞の定期的な世界経済見通し特集のため、グリーンスパン詣でをしていた。ドラッカー流に、経済、政治、社会の一般的な潮流、思潮を取材するために数多くの研究所、大学を訪ね、さまざまな経済学者、経済専門家に会った。

１９７８年に赴任した当時、アメリカ社会はニューディール以来の基本的な潮流だったリベラリズム（自由主義）が後退し、新保守主義と称する思潮が力を増していた。カリフォルニアを起点として各地に「大きな政府反対」「規制緩和と減税を」の声が広がっていた。経済学者も、総需要管理をテコとするケインズ学派は力を弱め、生産性、対外競争力を重視したサプライサイド（供給重視）の経済学が台頭していた。

そこで、ハーバード大学で力を発揮していた、のちにＣＥＡ（大統領経済諮問委員会）委員長となるマーティン・フェルドシュタイン教授や、「合理的期待形成学派」と呼ばれる若手の学者、たとえばシカゴ大学のロバート・ルーカス教授、ケインジアンから転向したミネソタ大学のトーマス・サージェント教授などに次々と会った。フェルドスタインは新しい供給重視派の中心人物であり、同氏に紹介してもらって、のちにＣＥＡ委員長となったスタンフォード大学のマイケル・ボスキン教授など多くの学者と議論することができた。

私はそうした新しい議論、思潮を日本経済新聞の「経済教室」欄で紹介した。3年半のニューヨーク在任中、十数本の「経済教室」記事を書いた。同じ記者に同欄をそれほど活用させたのは異例のことだが、おかげで日本の経済学者や研究者から大きな反響を得た。日本経済新聞と恩師ドラッカーに感謝したい。

あらためてドラッカーの姿勢に学ぶ

帰国後は編集委員と論説委員を兼ねる仕事となり、ドラッカー流の潮流点検を続けることができた。

1985年頃からスイスの山奥、トーマス・マンの小説『魔の山』の舞台となったダボスでの会議に加わった。いまでこそ毎年数千人を集め、アメリカの大統領、習近平中国国家主席などのトップ政治家や民間企業の最高経営者などが参加する大会議になったが、最初に私が参加したときは、200〜300人程度の会議で、各国首脳もあまり参加していなかった。それが一躍注目され、巨大会議に変身し始めたのは1989年にベルリンの壁が崩壊したあとである。1990年1月の総会には東ヨーロッパ各国のトップがそろい踏みし、改革推進のため西側諸国からの援助を求めた。ダボス会議には13回ほど参加して、多くの魅力的な人々に会うことができた。

故ズビグニュー・ブレジンスキーやデビッド・ロックフェラーらが提唱して始まった三極委員会（トライラテラル・コミッション）にも当初から加わり、多くの知己を得た。アメリカのカーター、レーガン政権下でＦＲＢ議長を務め、インフレ退治に剛腕をふるい、清貧な行政官としても突出した高い評価を得たポール・ボルカー（１９２７～２０１９年）もその一人。同氏はオバマ政権の経済最高顧問を最後に引退したあと、三極委員会のアメリカ代表となり、日本を訪問した際にはわが家での夕食会にも気軽に参加してくれた。こうした内外の人との交流も、ドラッカーの「人間重視」の精神に支えられて続けている。

日本経済新聞社を退職したあと、日本経済研究センターの会長を務め、その際、政策指向の英文の経済専門誌 *Asian Economic Policy Review* を、編集者に伊藤隆敏、浦田秀次郎、コリン・マッケンジー氏らを招いて創刊したのも、ドラッカー精神からである。

10年前から、２０２２年に開校25周年を迎えた国立の政策研究大学院大学（ＧＲＩＰＳ）で教鞭をとったが、私の担当する海外からの留学生を対象とした「現代日本経済論（Contemporary Japanese Economy）」講座では、数字ばかりでなく、「顔のある政策」を指向すべきだと強調し、ドラッカーの著作を読むように勧めた。

この大学は内外の中堅行政官を特訓し、縦割り、タコ壺型の行政ではなく各組織の連携と総合的な政策アプローチを促すことを狙いとしている。ドラッカー精神をここでも普及させたいと考えた。

断絶、分断、格差、ナショナリズムとポピュリズムの高まり、グローバリゼーションへの反動、輸出規制など新しいかたちの保護貿易主義の台頭など、世界は大きな課題に直面している。そうしたいまこそ、表面的な変化でなく底流の根本的、持続的な変化を見抜き、洞察する姿勢を学ぶ必要がある。ドラッカーは生きている。

〈年表〉ピーター・ドラッカーの思索の軌跡と世界の動き

＊この年表の作成にあたっては、日本経済新聞掲載のドラッカーの「私の履歴書」を書籍化した『ドラッカー　20世紀を生きて』（牧野洋訳・解説）に添付された詳細な「ドラッカーの人生年表」（牧野洋作成）、ドラッカー日本公式サイト（ダイヤモンド社）、『マネジメントを発明した男　ドラッカー』（ジャック・ビーティ著、ダイヤモンド社）、『ドラッカーの講義』（リック・ワルツマン編、アチーブメント出版）を参考にした。そのほか、「週刊ダイヤモンド」２０００年1月3日号、２０１０年11月6日号、『世界史年表』（歴史学研究会編、岩波書店）、およびドラッカーの諸著作などを参照した。

１９０９年	●11月19日、ハプスブルク家が支配するオーストリア＝ハンガリー帝国の首都ウィーンで生まれる。ユダヤ系の家族で、父アドルフは政府の高官、母キャロラインは医学を専攻したオーストリア初の女性。祖母はウィーン・フィルハーモニー管弦楽団でピアノソロを務める腕前で、マーラーの指揮で演奏したこともあった。
１９１４年（４〜５歳）	6月28日、オーストリア＝ハンガリー帝国の皇位継承者フランツ・フェルディナント大公夫妻がセルビア人に暗殺される（サラエボ事件）。

	・サラエボ事件が起こったとき、ドラッカー一家はアドリア海へ夏休み旅行中だった。父アドルフはウィーンに呼び戻され、戦争防止を皇帝に直訴する。 7月28日、オーストリア＝ハンガリー帝国がセルビアに宣戦布告し、第一次世界大戦が始まる。 ・アドルフは戦時経済を指揮する政府高官3人のうちの1人に任命される。 ・ドラッカーは戦争を恐れつつ、友だちとともに、新聞に出ている負傷者リストや黒枠の死亡記事を斜め読みする術を覚えた。当時の子どもにとって戦争は世界を覆っているものだった。「戦争が終わるなど誰ひとり想像できなかった。男の子はみな、大きくなることは、徴兵されて戦地に送られることだと思っていた」とドラッカーは述懐している。
1915年（5～6歳）	・9月、ドラッカーはウィーン郊外の公立学校に入学、40分かけて徒歩で登校。3～4歳の頃から本の虫となり、入学後も旺盛に読書を続ける。
1917年（7～8歳）	11月7日、ロシアに10月革命が起こり、ソビエト政権が樹立。

1918年（8〜9歳）	・母キャロラインが講義を聴いた精神分析学の父フロイトに会う。 11月11日、ドイツが休戦協定に調印し第一次世界大戦終結。ハプスブルク家が滅び、オーストリア＝ハンガリー帝国解体。
1919年（9〜10歳）	1月5日、ナチス結成。 3月23日、イタリアでムッソリーニがファシスト党を結成。 6月28日、ヴェルサイユ講和条約調印。 ・ウィーンのギムナジウム（中高一貫の進学校）に入学（10歳）。
1920年（10〜11歳）	1月10日、国際連盟が発足。 ・父アドルフがザルツブルク音楽祭の共同創設者となり、会長に就任。
1921年（11〜12歳）	5月11日、連合国による賠償支払い計画をドイツが受諾（1320億金マルク）。
1922年（12〜13歳）	10月31日、イタリアにムッソリーニのファシスト党政権が成立。

12月30日、世界最初の社会主義国、ソビエト連邦成立。

1923年（13〜14歳）

9月1日、日本で関東大震災が発生。

- 14歳の誕生日を迎える1週間前、ウィーンの市民が祝う「共和国の日」（1918年11月11日、ハプスブルク家の最後の皇帝が退位し共和制が宣言された記念日）に、デモに参加。赤旗を掲げて隊列の先頭に立って行進したが、自分が場違いなところにいると感じて隊列を離れて帰宅。このとき、自分が傍観者であることを自覚。

1925年（15〜16歳）

- 両親の友人が主催するサロンに加わり、のちに『魔の山』などでノーベル文学賞を受賞する作家トーマス・マンに会う。

1927年（17〜18歳）

- 夏、ギムナジウムを卒業。大学進学を望んだ父の期待を裏切り、ドイツのハンブルクで貿易商社の見習いとなる。
- 9月、父を喜ばせるため、ハンブルク大学法学部に入学。しかし講義には出席せず、公立図書館に入り浸り、15カ月間、ドイツ語や英語、フランス語の本を手当たり次第に読みまくる。当時無名だった19世紀のデンマークの思想家キルケゴールを知り、読みふける。22

1929年（19〜20歳）	
年後、キルケゴールについての論文を書く。 ●週に一度オペラ劇場に通い、ヴェルディの『ファルスタッフ』に出合う。この力強い作品がヴェルディ80歳のときのものだと知って驚き、「ヴェルディ精神で人生をやり抜く」ことを心に誓う。 ●ハンブルクで初の論文「パナマ運河が世界貿易において果たす役割」を書き、権威ある経済学会誌に掲載される。 ●クリスマスにウィーンへ帰省した際、「パナマ運河」論文の縁で有力誌オーストリアン・エコノミストの編集会議に招かれ、副編集長を務めていた経済人類学者カール・ポランニーに魅せられる。	●ドイツの金融の中心地フランクフルトに移り、フランクフルト大学に移籍。ドイツの政治哲学者フリードリッヒ・シュタールを研究対象にする。 ●経済季刊誌に計量経済学的な論文を2本発表。1本はニューヨーク株式の分析で、株価はさらに上がると予測。 10月24日、ニューヨーク株式が大暴落（暗黒の木曜日）。世界大恐慌が始まる。 ●暗黒の木曜日は論文公表から数週間後のことで、ドラッカーの予測

	は見事に外れた。さらに「暴落は長く続くはずがない」と予測。この体験から「二度と予測はしない」と決める。 ・10月25日、「暗黒の木曜日」についての記事を書き、フランクフルター・ゲネラル・アンツァイガー紙に掲載される。初めて新聞に掲載された記事だった。
1930年（20〜21歳）	・1月2日、新聞社フランクフルター・ゲネラル・アンツァイガーに就職が決まり初出社。編集長に怒鳴られながら仕事を学び、やがて海外と経済ニュースの編集者となり、入社2年後に3人の副編集長の1人に抜擢される。
1931年（21〜22歳）	・フランクフルト大学で助手をしながら国際法の博士号を取得。教授の代役で国際法のゼミを主宰したり代講したりし、その関係で国際法博士号取得をめざしていた将来の妻、ドリスと出会う。 9月18日、満州事変が始まる。
1932年（22〜23歳）	・夕刊紙記者としてナチスを取材。ナチスの政権掌握を予感し、ヒトラーやその右腕のゲッベルスらに何度も単独インタ

	ビューを行う。 7月31日、ドイツでナチスが第一党に。
1933年（23〜24歳）	1月30日、ヒトラーが首相に就任（ナチス政権樹立）。 •2月、全体主義の分析を行った処女作『「経済人」の終わり』の執筆を始める。発表を準備していた論文がナチスの怒りを買うと確信し、退職を決意。いったんウィーンに戻ったのち、4月にロンドンへ。 •ロンドンは大不況のさなかだったが、保険会社にアナリストの職を得る。 •初の著作となった小冊子「フリードリッヒ・ユリウス・シュタール、保守政治理論と歴史的展開」が、ドイツで発禁・焚書処分となる。 •ロンドンで偶然ドリスと再会。「人生最高の瞬間」と述懐する。
1934年（24〜25歳）	1月26日、ドイツとポーランドが不可侵条約を調印。 1月29日、日本で日本製鐵設立。 •ケンブリッジ大学で経済学者ケインズの講義を聴くが肌に合わず、「自分は経済学者ではない」と確信する。

・6月、英国初の日本画展を偶然訪れ、衝撃を受ける。以後、日本に関心を強め、明治維新を知る。「狂気のナチズムで混乱する戦争が広がったヨーロッパとは対照的に、明治維新は大戦争もアイデンティティ喪失もなく短期間で根本的な政治・社会改革を実現した。これは近代史における偉業だ」。ドラッカーの「日本発見」だった。

7月25日、オーストリアでナチスによる暴動が発生、ドルフース首相暗殺。

8月19日、ヒトラーが大統領を兼任（総統就任）。

12月1日、ソ連でスターリンが大粛清を始める。

1935年（25〜26歳）

・ロンドンでカール・ポランニーとの友好を深める。

3月16日、ドイツがヴェルサイユ講和条約の軍備廃止条項を破棄して徴兵制を導入、再軍備を開始。

7月14日、フランスで人民戦線（反ファシズム連帯）が結成。

12月15日、日本で松下電器産業設立。

1936年（26〜27歳）

・ウィーンの出版社から、ドイツ時代の体験をもとにした『ドイツのユダヤ人問題』（ドイツ語）が刊行。のちの『「経済人」の終わり』

につながる内容だった。
6月4日、フランスで人民戦線内閣が成立。

1937年（27〜28歳）

- 1月、ドリス・シュミットと結婚（ドリス25歳、のち1男3女をもうける）。結婚と同時に仕事を辞め、ドリスに背中を押されてアメリカへの移住を決断。勤めていたフリードバーグ商会にハネムーンをプレゼントされ、数週間の新婚旅行を兼ねて豪華客船で地中海を巡りアメリカへ。
- 4月、ニューヨークでアメリカでの生活が始まる。
- フィナンシャル・ニュース（現在のフィナンシャル・タイムズ）など英国新聞社のアメリカ特派員として仕事を始める。妻ドリスは英国小売大手のニューヨーク代理人として働き始める。

7月7日、盧溝橋で日中衝突、日中戦争へ。
8月28日、日本でトヨタ自動車工業設立。

1938年（28〜29歳）

- 1933年にロンドンで書き始めた、ファシズムの起源を分析した『「経済人」の終わり』を脱稿。出版が決まる。両親がアメリカへ移住。父アドルフはノースカロライナ大学で国際経済学の講義を始める。

3月13日、ドイツ軍がオーストリア併合。

●ドラッカーはヨーロッパへ出張し、ワシントン・ポスト紙にヨーロッパ情勢について初めて寄稿。

11月、フランス人民戦線が崩壊。

1939年（29～30歳）

●4月、アメリカの出版社から『「経済人」の終わり』刊行。「ナチスドイツがユダヤ人抹殺に踏み切る」「同じ全体主義のドイツとソ連が手を結ぶ」などと予想。

●5月、英国首相になる前のチャーチルが『「経済人」の終わり』を英タイムズ紙の書評で絶賛、英米で大ベストセラーに。文筆家としてのキャリアに挑戦する決意を固める。

8月23日、独ソが不可侵条約調印、『「経済人」の終わり』が予想したとおりになる。

9月1日、ドイツがポーランドに侵攻。第二次世界大戦勃発。

●サラ・ローレンス大学（ニューヨーク州）で経済学・統計学の非常勤講師に就任（30歳）。

1940年（30～31歳）	●フォーチュン誌創刊10周年記念号の編集に参加。雑誌王と称される同誌創刊者ヘンリー・ルースと2カ月間にわたって編集を協働。 ●建築家バックミンスター・フラー、文明批評家マーシャル・マクルーハンに出会う。
1941年（31～32歳）	●夏、両親がノースカロライナからワシントンに転居。父アドルフはアメリカン大学で教鞭をとり、同時に米関税委員会で働く。 6月、独ソ戦始まる。 12月8日（日本時間）、日本が真珠湾を攻撃、太平洋戦争始まる。 ●ドラッカーは日米開戦をきっかけにワシントンへ呼び出され、米政府で働くことに。
1942年（32～33歳）	●有名女子大学ベニントン大学教授に就任し、哲学、政治学を担当。米政府の特別顧問も務める。妻ドリスが同大学で数学と物理学の勉強を始める。 ●2作目の『産業人の未来』刊行。ドイツの敗北を前提に第二次世界大戦後の産業社会を描く。「短期間で利益をあげない役員会は、産業活動経験のない投資ファンドにより機械的に排除されることがあ

	る。自由に機能する社会の構築は株主至上主義でなく、企業をコミュニティに発展させるべき」と説く。
1943年（33～34歳）	●秋、『産業人の未来』を読んだGMの副社長から同社の組織と経営方針についての研究を依頼される。長年GM社長を務めたアルフレッド・スローンから大きな影響を受ける。同書では、「企業は産業社会を構成する制度・組織体（インスティチューション）になった」としていて、「組織」の研究対象としたGMからの依頼は願ってもないものだった。ドラッカー自身は大組織で働いた経験がなく、組織の研究のために企業の内面を分析したいと願い、いくつもの会社に調査をしたいと求めたが、ことごとく断られていた。
	●アメリカ国籍を取得。
1944年（34～35歳）	●GMの主要幹部にインタビューを行い、工場現場も観察。
1945年（35～36歳）	4月1日、米軍が沖縄本島上陸。 4月25日、サンフランシスコ会議が開かれ、国際連合憲章作成を討議。

1946年（36〜37歳）	
●『企業とは何か』で、1年半をかけてGMを研究した成果を発表。「分権制」を提唱し、世界的に大企業で組織改革ブームが起こる。GMを高く評価しながら、経営の「見直し」が必要だと強調したことでGM経営陣から批判的に見られ、「左翼からの攻撃だ」という痛烈な声も出た。学会では政治学でも経済学でもない著作として冷たくあしらわれ、アメリカ政治学協会の研究メンバーから外された。 ●GMから好意的に受け止められなかった『企業とは何か』を、GMのライバルで経営危機に陥っていたフォード・モーターが教科書に指定。	5月7日、ドイツ降伏。 7月17日、チャーチル、トルーマン、スターリンがポツダムで会談（26日、対日ポツダム宣言発表、日本政府黙殺）。 8月6日、広島に史上初の原子爆弾投下。 8月8日、ソ連が対日参戦。 8月9日、長崎に原爆投下。 8月14日、日本がポツダム宣言受諾。 9月2日、日本が降伏文書に調印。第二次世界大戦終結。

3月5日、チャーチルが米ミズーリ州フルトンで「鉄のカーテン」演説、反共連合の必要性を強調。

8月、日本で経済団体連合会が設立。

11月3日、日本国憲法公布（1947年5月3日施行）。

12月、日本で経済復興策「傾斜生産方式」が始まる。

1947年（37〜38歳）

6月5日、アメリカがマーシャル・プラン（欧州復興計画）発表。

10月30日、GATT（関税及び貿易に関する一般協定）調印。23カ国が参加。

- ドラッカーは、マーシャル・プランの実施・指導のため、フランス、イギリス、イタリア、ベルギー、西ドイツを視察。物資調達を担当しながら、マーシャルの指導力を目の当たりにする。
- 有力誌ハーパーズ・マガジンに「ヘンリー・フォードの成功と失敗」を寄稿。

1948年（38〜39歳）

- ジョージア州アトランタのエモリー大学から学部長ポストを打診されたが、黒人差別の強かった南部への移住に躊躇して辞退。

4月1日、ソ連がベルリンの陸上交通の規制を強化（ベルリン封鎖始まる）。

5月19日、立石電機（現オムロン）設立。

9月24日、本田技研工業設立。

1949年（39〜40歳）

• 「キルケゴール論」「アメリカの特性は政治にあり」を執筆。
• ニューヨークへ引っ越し。ニューヨーク大学（NYU）大学院経営学部教授に就任。同大学大学院にマネジメント科を創設。正式科目としてマネジメントを教える大学としては、ハーバード大学とマサチューセッツ工科大学（MIT）に続き世界で3番目。教授陣に品質管理（QC）の権威であるエドワード・デミングとジョセフ・ジュランが加わる。

米ソの東西冷戦が本格化。

1月25日、ソ連と東欧5カ国の代表会議で経済相互援助会議（コメコン）創設が決定。

4月4日、西側12カ国が北大西洋条約に調印（8月24日発効、NATO設立）。

4月15日、日本は、均衡予算、補助金廃止などを強調したGHQによる経済安定政策（ドッジライン）を実施。デトロイト銀行頭取ジョセフ・ドッジがＧＨＱ経済顧問（米政府公使）として立案。
４月23日、ＧＨＱが１ドル＝３６０円レートを設定。
10月１日、中華人民共和国成立。

１９５０年（40～41歳）

- １月、父アドルフとともにハーバード大学に赴き、経済学者ヨーゼフ・シュンペーターを訪ねる。その数日後、シュンペーターは死去。
- ２月、有力誌ハーパーズ・マガジンに「年金の蜃気楼」を寄稿。
- 近代的な経営コンサルティング業の創始者とされるマービン・バウワーから、マッキンゼーで働くよう勧誘されるが断る。ただ、バウワーとともに働くことは多く、２人で「経営コンサルタント」という用語、概念を生み出す。
- ゼネラル・エレクトリック（ＧＥ）のコンサルタントになる。その後、シアーズ・ローバックやＩＢＭなどの大企業からコンサルティングを依頼されるようになる。
- ４作目の『新しい社会と新しい経営』刊行（邦訳は１９５７年）。

デミング博士、来日してＱＣ講演会を開催。
６月25日、朝鮮戦争勃発（１９５３年７月27日休戦）

1951年（41～42歳）

- マネジメント分野の先駆者である女性哲学者、メアリー・パーカー・フォレットの存在を知り、1954年刊行の『現代の経営』でフォレット氏に言及。同書は初めて女性について論じたマネジメント著作。

日本でデミング賞が創設される。

9月4日、サンフランシスコ講和会議開催（8日、対日平和条約、日米安全保障条約調印）。

1953年（43～44歳）

- ソニーの共同創業者、盛田昭夫とニューヨークで会う。敗戦国の小企業の若き経営者がすでに世界市場に目を向けていることに驚き、日本への関心が高まる。
- GMのアルフレッド・スローン会長からマサチューセッツ工科大学（MIT）のスローン校で教えてもらえないかと誘われたが、ニューヨーク大学での教職に満足していたため辞退。

2月1日、日本で日本放送協会（NHK）がテレビ放送開始。

1954年（44～45歳）

- 11月、5作目『現代の経営』刊行（邦訳は1956年刊行）。この著作により「マネジメントの発明者」と呼ばれるようになる。企業

	経営には、マーケティング、イノベーション、ヒト・モノ・カネの活用、生産性、さらに社会的責任のすべてが必要と論じる。 12月、日本で神武景気始まる（～1957年6月）
1955年（45～46歳）	3月、日本生産性本部設立。アメリカ主導で世界的に展開された生産性運動の日本における推進機関として官民によって設立された。
1956年（46～47歳）	10月23日、ハンガリー動乱発生。民主化の動きにソ連が軍事介入。 ・ドラッカーは国際救助委員会（IRC）の支援者としてハンガリー難民のアンドリュー・グローブを助ける。グローブはのちにアメリカの半導体メーカー、インテルの創業に加わった。 ・『オートメーションと新しい社会』刊行（邦訳同年刊行）。
1959年（49～50歳）	・モダンからポストモダンへの移行を説いた『変貌する産業社会』刊行（邦訳同年刊行）。 ・7月、初来日。日本事務能率協会（現日本経営協会）の招き。箱根のセミナーで、のちの日本電気（NEC）社長・小林宏治と隣り合

	わせとなり、以後親交を深める。1週間の日本滞在で、東洋レーヨン（現東レ）、立石電機（現オムロン）、興亜石油（現ＪＸ日鉱日石エネルギー）などの企業や工場を訪問し、各社経営者と親交。日本贔屓となる。日本が経済大国になることを直観。 ・来日の動機は、24歳のときにロンドンで偶然触れて魅了された日本の絵画の鑑賞で、美術館を巡って、水墨画と着彩画各1点を購入。これが日本画収集の始まりで、以後来日のたびに日本画を購入し、のちに「山荘コレクション」が生まれる。
1960年（50～51歳）	6月4日、日本で、日米安全保障条約（安保）改定阻止のストライキに５６０万人が参加。 12月27日、日本、所得倍増計画決定。
1961年（51～52歳）	・「面食らう若い日本の男たち」という日本論をハーパーズ・マガジン誌に寄稿。
1963年（53～54歳）	・アルフレッド・スローン著『GMとともに』刊行。ドラッカーはニューヨーク・タイムズ紙の書評で「楽しい読み物」と評価したが、スロー

	ンから「誤解を招く表現を使った」と非難される。 ・アメリカ・マネジメント・ソサエティーズよりウォーレス・クラーク賞を授賞。 11月22日、ケネディ大統領暗殺。
1964年（54～55歳）	・世界初の経営戦略書とされる『創造する経営者』刊行。将軍たちが「昔の戦争」に備えたがるように、企業人も「昨日の課題・問題」に備えようとするが、あらゆる決定と行動はたちまち古くなる（既存のものは古くなる）とし、現実を直視するよう促す。 米IBMが世界初の汎用コンピュータを発売。 4月1日、日本がIMF8条国に移行。 4月28日、日本が先進国クラブであるOECD（経済協力開発機構）に正式加盟。
1966年（56～57歳）	・6月、日本政府より「企業経営の近代化および日米親善への寄与」を功とされ、勲三等瑞宝章を受ける。 ・『経営者の条件』刊行。万人のための帝王学との評を得る。「成果をあげるのは貢献意識、集中、高い目線、真摯さであり、これらなく

していは長期的な成果は生まれない」「成果をあげることは修得できるし、修得しなければならない」と説く。

1967年（57〜58歳）

● 父アドルフ永眠。享年91。

1969年（59〜60歳）

● 「転換期」の到来を予告した『断絶の時代』刊行。大ベストセラー、ロングセラーとなる。「国際経済」から「グローバル経済」への展開を指摘。のちに英国サッチャー首相は同書からヒントを得て「民営化政策」を推進。

● 『断絶の時代』は多元化した社会において政府が無能化していると論じた。「政府はあらゆる国において最大の雇用主となり、あらゆるところに進出している。しかし政府は巨大になっただけであり、費用はかかってもさして成果を得ていない。政府への幻滅、信頼低下が見られる。強力で健全、生気あふれた政府が必要とされるのに政府は病んでいる」と診断。

● アメリカ大統領に就任直後のリチャード・ニクソンは『断絶の時代』の内容に言及し、「ドラッカー教授によれば、政府にできることは戦争の遂行と通貨の増発だけだそうだが、それが誤りであることを証明してみせる」と発言した。

1971年（61～62歳）

- カリフォルニア州クレアモントに転居。クレアモント大学院大学社会学部教授に就任。マネジメント科を創設。論文集『Men, Ideas, and Politics』刊行。
- ハーバード・ビジネス・レビュー誌に論文「日本的経営から学べること」を発表。
- クレアモント大学院大学で年次連続講義を開く。「環境について議論を始めたのは1947年か48年で、環境に関する初めての講座をもった。でも、そんな講座を受ける学生は1人もいなかった。環境に関する論文や著作もまったく見当たらなかった」と述懐している。環境また、「現在（1971年）、環境問題について空騒ぎや美辞麗句があふれているが、肝心な成果が見られない」とし、「環境を救う闘いでインセンティブを生み出すより罰を与える努力をしている。罰にはなんの効果もない。有効なのはインセンティブ」と強調した。

7月9日、キッシンジャー米大統領補佐官が極秘裏に中国を訪問。「1972年5月までにニクソン大統領が訪中することを周恩来首相と合意した」と7月15日に発表。

8月15日、米ニクソン大統領、金・ドル交換停止を主内容とするドル防衛策を発表（ニクソン・ショック）。8月16日から22日までの期間、混乱を避けるためヨーロッパ為替市場は閉鎖。主要各国は変動相場制に移行。

8月16日、日本では閉鎖しなかった東京市場でドル売り殺到、株価暴落。

8月28日、日本、暫定的に円の変動相場制に移行。

12月18日、ワシントンで10カ国蔵相会議による多角的通貨調整が合意（スミソニアン体制）。

1972年（62～63歳）

- 5月、「断絶の時代の経営者」などをテーマに東京・大阪・名古屋などで講演。

1973年（63～64歳）

- マネジメント論の集大成である大著『マネジメント』刊行。大学のビジネススクールで教科書の定番となる。「顧客の欲求を満たすマーケティングが企業としての第一の機能だが、消費者運動が強力な大衆運動として出てきたことは企業のマーケティングが実践されていないことを示す」とマーケティングの重要性を力説。「人こそ最大の資産」論を示す。人を問題、費用あるいは脅威として扱う傾向があるが、人は資産であり、その適材適所が肝要と説く。

10月6日、第4次中東戦争始まる（〜10月22日）。石油危機。

1975年（65〜66歳）

- ウォールストリート・ジャーナルへの寄稿を始める。以来、20年にわたり同紙コラムニストとして経営、経済問題を中心に執筆。
- 11月、来日し、「マネジメントへの新しい挑戦」を東京で講演。

11月15日、第1回先進国首脳会議（サミット）がフランスのランブイエで開催。米英仏独伊に加え、日本が第二次世界大戦後初めて主要な国際会議にオリジナルメンバーとして参加。石油危機で動揺した経済を立て直し、資本主義・自由市場経済の強化に向けて結束。

1976年（66〜67歳）

- 高齢化社会の到来を指摘、分析した『見えざる革命』刊行。アメリカの当時の一般イメージは「高齢化社会」ではなく永遠の「若い社会」だったため、同書への関心は薄く、時代錯誤の著作と見られた。また東西冷戦のさなかであり、「革命」「年金社会主義」や「アメリカ資本主義の〝社会化〟」という言葉と概念に対し、「危険思想だ」との批判まで生まれた。ドラッカーの著作のなかで唯一〝売れない著作〟となった。

1979年（69～70歳）

- 秋、日本経済新聞のニューヨーク特派員だった筆者（小島明）は、カリフォルニア州クレアモントのドラッカー宅を訪ねて同氏にインタビュー。大歓迎され数時間をさいてさまざまなことを話してくれた。大歓迎されたのは、インタビューの主題が、批判が強く、また売れなかった『見えざる革命』のテーマである「高齢化社会・経済・政治」であったためと後日、実感。
- このインタビューをきっかけに小島とドラッカーの親交が始まり、来日時にはインタビューに応じてくれただけでなく、食事も何度かともにするようになった。
- 自伝的な著作『傍観者の時代』刊行。1940年代までに出会った人たちについて書かれており、日本語版への序文には「自分が傍観者として歩んできた時代」とある。
- クレアモント大学院大学ポモナ校で東洋美術の講師に就任。1985年まで日本画について教える。
- 9月、ドラッカーの日本画コレクション「山荘コレクション」の展覧会をニューヨーク、シアトルなど5会場で開催（1980年まで）。

1980年（70～71歳）	・『乱気流時代の経営』刊行。いち早くバブル経済へ警鐘を鳴らす。日本が自動車生産台数でアメリカを抜き世界第一位に。粗鋼の生産でもアメリカを抜く。
1981年（71～72歳）	・『日本　成功の代償』刊行。日本の経済的成功の背後にあるものを分析。「高齢化の圧力」「豊かさの圧力」などを論じる。日本画、日本美術についても論じ、日本美術の視点からの日本論を展開。 ・GEの会長兼CEOに就任したジャック・ウェルチのコンサルタントを引き受ける。以後、5年間ほど「ウェルチ革命」を指南。
1982年（72～73歳）	・初の小説『最後の四重奏』刊行。 ・『変貌する経営者の世界』刊行。 ・来日して「変貌する経営者の世界」などのテーマを7会場で講演。
1983年（73～74歳）	・経済学者シュンペーターとケインズ2人の生誕100周年にあたって、フォーブス誌に「シュンペーターとケインズ」論を寄稿。

1984年(74〜75歳)

●2作目の小説『善への誘惑』刊行。

1985年(75〜76歳)

●イノベーション論の体系化に取り組んだ『イノベーションと企業家精神』刊行。

●6月　来日して「イノベーションと企業家精神」などをテーマに東京、大阪、名古屋をはじめ9会場で講演。

9月22日、日米英仏と西独の5カ国緊急蔵相・中央銀行総裁会議（G5）がニューヨークのプラザホテルで開かれ、ドル高是正のための協調介入強化で合意（プラザ合意）。以後、急速な円高へ。

11月19日、米レーガン大統領とソ連ゴルバチョフ書記長がジュネーブで首脳会談。冷戦終焉の始まり。

1986年(76〜77歳)

●9月〜翌年1月　「ドラッカーコレクション　水墨画名作展」を東京、大阪など4会場で開催。喜寿を祝うパーティーに出席。

●『マネジメント・フロンティア』刊行。日米間の貿易・経済摩擦が激しいなかで日本は「敵対的貿易」をしていると論ずる。「日本は輸出ばかりで輸入をしない。これは敵対的貿易であり、輸出国も輸入国もともに敗者となる。輸入国はただちに敗者となるが、輸出国も10年後あるいは10年以内に敗者となる」と警鐘を鳴らす。

1989年（79〜80歳）

- 『新しい現実』を著し、ソ連の崩壊や東西ドイツの統一などを予測。本書を書き上げたのは1988年9月。批評家は口をそろえて「著者の頭はどうかしている」と言い、同書発行人がヘンリー・キッシンジャーに書評を依頼したところ「長年おつき合いをしている関係なので、ドラッカーさんが耄碌したとは言いたくありません」との返事があったという（1991年ワシントン経済クラブでの講演）。発行人も「5年以内にドイツが統一される可能性が非常に高いと書いた部分は削除してください。その歳になって、いまさらとぼけたことを書かなくてもいいでしょう」と注文をつけた。

11月9日、ベルリンの壁崩壊。

- ドラッカーの予測は的中し、ドイツは1990年に統一、ソ連は1991年に崩壊した。
- 筆者（小島明）は、80歳にして深い洞察力を発揮した力作『新しい現実』を書いたドラッカーにインタビューを行い、日本経済新聞11月19日朝刊に1ページ全面を使って記事を掲載。

1990年（80〜81歳）

- 長年務めたNPOのコンサルティングをベースに執筆した『非営利

	組織の経営』を刊行。いかなる組織においても「マネジメント」が肝要であるとする。 ・アルフレッド・スローン著『GMとともに』に、「なぜ『GMとともに』が必読書なのか」と題した序文を書く。 10月3日、東西ドイツ統一。
1991年（81〜82歳）	・ウォール・ストリート・ジャーナル紙に「ビッグスリーは日本の重大な教訓を学ばず」を寄稿。 12月25日、ゴルバチョフ大統領が辞任表明。『新しい現実』が予測したとおりソ連崩壊。冷戦終焉。
1992年（82〜83歳）	・「大転換期」の指針を示す『未来企業』刊行。 盛田昭夫ソニー会長が「日本型経営が危い」を発表（文藝春秋2月号）。 6月15日、日本、PKO協力法が衆院本会議で可決成立（8月10日施行）。
1993年（83〜84歳）	・これまでの著作活動で書いた記事、論文をまとめた『すでに起こっ

た未来』刊行（邦訳は1994年）。

- 『ポスト資本主義社会』刊行。資本主義社会のあとに「知識社会」が訪れると論ずる。
- フォーリン・アフェアーズ誌に「日本株式会社の終わりか？」を寄稿。
- 10月に来日し、東京・京都で特別セミナーを開催。

11月1日、EU（ヨーロッパ連合）発足。単一通貨ユーロの創設と、共通外交・安全保障、司法・内務協力を柱とするマーストリヒト条約発効。

1994年（84〜85歳）

- 10月、東京で特別セミナーを開催。「企業の再創造（Re-inventing the Corporation）」を討議。
- 週刊ダイヤモンド10月29日号にインタビュー記事「日本企業よ、変化に過剰反応せず知識集約型産業への脱皮を急げ」を掲載。長引く不況に過剰反応し、産業転換に後れをとっていると懸念を表明。日本はコンピュータ製造から情報産業への転換に乗り損なったとし、「製造業の空洞化を懸念するより知識集約型産業への脱皮を急げ」と忠告。

	・ハーバード・ビジネス・レビュー誌9～10月号に「ビジネスの理論」と題する小論を寄稿。
1995年（85～86歳）	・『未来への決断』刊行。「知識社会」と「組織社会」について論じ、「社会は知識社会になるとともに組織社会になった。ほとんどの人が組織において、あるいは組織を通じて働くようになった。また組織はいかなる名で呼ぼうとも、目的がなんであろうともマネジメントを必要とする」と強調。 ・日本発の企画、ドラッカーと中内㓛の往復書簡を収めた『挑戦の時』と『創生の時』刊行（英語版 *Drucker on Asia* は97年刊行）。
1996年（86～87歳）	・1976年の刊行時には売れず、批判と嘲笑まで浴びた *The Unseen Revolution* を *The Pension Fund Revolution* と改題して再刊行。時の良書としてベストセラーに。人間と社会を見つめる洞察力をもったドラッカーの視点の確かさが確認される。 ・17回目の来日。
1997年（87～88歳）	・筆者（小島明）が中央公論2月号に10ページにわたるドラッカーと

のインタビュー「ピーター・ドラッカー　乱気流の時代を語る」を寄稿。「変化が急激な社会において政府は無力になりやすい」「意思決定は世界レベル、産業レベルで考えなければならなくなった」「定年は75歳へ向かうだろう」「今後、本当の問題は経済の問題ではなく社会の問題だ」など、じっくりとした日本観察を示した。
- 3月、フォーブス誌の表紙を飾る。「今も気持ちは一番若い」とある。
- 秋、フォーリン・アフェアーズ誌に「グローバル・エコノミーと国民国家」を発表し、大反響となる。

1998年（88～89歳）

- ハーバード・ビジネス・レビュー誌に掲載した論文をまとめた『P・F・ドラッカー経営論集』刊行。
- フォーリン・アフェアーズ誌9、10月号に「日本官僚論」を寄稿。

1999年（89～90歳）

- 『明日を支配するもの』刊行。ビジネスの前提の変化を分析。
- 10月29日　東京ホテルオークラでドラッカーの90歳（卒寿）を祝ってシンポジウム開催。ドラッカーは足が弱くなり出席はできないとしてビデオ・スピーチ「日本の友人へのメッセージ」を送る。
- 米アトランティック・マンスリー誌10月号に「情報革命を超えて」

	と題する論文を寄稿。eコマース（電子商取引）の重要性を強調。
2000年（90～91歳）	・日本発の企画で、ドラッカーの世界を鳥瞰するための入門書「はじめて読むドラッカー・シリーズ」3部作（『プロフェッショナルの条件』『チェンジ・リーダーの条件』『イノベーターの条件』）刊行。 ・フォーブス誌5月15日号はカバーストーリーにドラッカーの言葉"Webucation is the next great growth opportunity"を引用。2020年からのコロナ禍で導入されたウェブ授業が、この判断の的確さを証明した。 ・7月29日、NHK・BS1の日曜スペシャル番組「21世紀への証言シリーズ　断絶の時代に挑む」で、今井義典解説委員長がドラッカーと対談。
2001年（91～92歳）	・「はじめて読むドラッカー・シリーズ」の英語版 *The Essential Drucker* 刊行。
2002年（92～93歳）	・民間人として最高位の勲章である「大統領自由勲章」を米政府より授与される。

	・12月、アメリカCNBCテレビ制作による1時間のドキュメンタリー番組「ピーター・ドラッカー　知的な旅」が放映。 ・雇用やマネジメントの変化を論じた最後の著作『ネクスト・ソサエティ』刊行。
2003年（93～94歳）	・膨大な著作群から名言を抜き出した日本発の企画、ドラッカー名言集シリーズ（『仕事の哲学』『経営の哲学』『変革の哲学』『歴史の哲学』）刊行。
2004年（94～95歳）	・新聞・雑誌への寄稿を中心とした『実践する経営者』刊行。 ・日めくりカレンダー風に名言をまとめた『ドラッカー365の金言』刊行。
2005年（95歳）	・2月、日本経済新聞紙上で「私の履歴書」を27回連載。初めて1世紀にわたる自分の人生を振り返った。日本経済新聞編集委員の牧野洋が執筆に協力し、ドラッカーに10時間以上インタビュー。8月に『ドラッカー　20世紀を生きて』と題して日本経済新聞社から単行本が刊行。

2009年

- 96歳の誕生日を1週間ほど前にした11月11日に老衰のため自宅で死去。まさに20世紀をまるまる生き、時代の証人として生涯現役をつらぬいた「知の巨人」の人生だった。
- 本書筆者、小島明が日本経済新聞11月13日付朝刊に、追悼文「ドラッカー氏を悼む」を、ドラッカーと親交のあった伊藤雅俊セブン&アイ・ホールディングス名誉会長、立石義雄オムロン会長らとともに寄稿。
- 96歳の誕生日となるはずだった11月19日に、日本で「ドラッカー学会」が立ち上がる。
- 11月19日、ドラッカー学会が2009年年報「文明とマネジメント」第3号刊行。本書筆者、小島明も同誌に「ファルスタッフの教え」を寄稿。
- 12月、『もし高校野球の女子マネージャーがドラッカーの「マネジメント」を読んだら』（岩崎夏海著、ダイヤモンド社）刊行。映画化もされ、日本に新たなドラッカーブームが起こり、ドラッカー著作の読者のすそ野が広がる。
- ハーバード・ビジネス・レビュー誌が11月号で長文のドラッカー論「なぜドラッカーを読むのか（Why Read Peter Drucker ?）」を掲載。

これは同誌1980年1、2月号に掲載されたものを再録したもの。没後10余年を経ての再録であり、ドラッカーの引き続く影響力を象徴する。

ピーター・ドラッカー著作一覧（原書発行順）

『「経済人」の終わり』上田惇生訳、ダイヤモンド社
The End of Economic Man（1939）

『産業人の未来』上田惇生訳、ダイヤモンド社
The Future of Industrial Man（1942）

『企業とは何か』上田惇生訳、ダイヤモンド社
Concept of the Corporation（1946）

『新しい社会と新しい経営』村上恒夫訳、ダイヤモンド社
The New Society（1950）

『現代の経営』上田惇生訳、ダイヤモンド社
The Practice of Management（1954）

『オートメーションと新しい社会』中島正信訳、ダイヤモンド社
America's Next Twenty Years（1956）

『変貌する産業社会』現代経営研究会訳、ダイヤモンド社
The Landmarks of Tomorrow（1959）
『明日のための思想』清水敏允訳、ダイヤモンド社
Gedanken fur die Zukunft（1959）
『創造する経営者』上田惇生訳、ダイヤモンド社
Managing for Results（1964）
『経営者の条件』上田惇生訳、ダイヤモンド社
The Effective Executive（1966）
『断絶の時代』上田惇生訳、ダイヤモンド社
The Age of Discontinuity（1969）
『マネジメント　課題・責任・実践』上田惇生訳、ダイヤモンド社
Management : Tasks, Responsibilities, Practices（1973）
＊『エッセンシャル版マネジメント』上田惇生編訳、ダイヤモンド社（２００１年）
『見えざる革命』上田惇生訳、ダイヤモンド社
The Unseen Revolution（1976）
『状況への挑戦』久野桂・佐々木実智男・上田惇生訳、ダイヤモンド社
Management Cases（1977）
『傍観者の時代』風間禎三郎訳（１９７９年刊）、上田惇生訳（２００８年刊）、ダイヤモンド社

Adventures of a Bystander（1979）

『乱気流時代の経営』上田惇生訳、ダイヤモンド社

Managing in Turbulent Times（1980）

『日本　成功の代償』久野桂・佐々木実智男・上田惇生訳、ダイヤモンド社

Toward the Next Economics and Other Essays（1981）

『最後の四重奏』風間禎三郎訳、ダイヤモンド社

The Last of All Possible Worlds（1982）

『変貌する経営者の世界』久野桂・佐々木実智男・上田惇生訳、ダイヤモンド社

The Changing World of the Executive（1982）

『善への誘惑』小林薫訳、ダイヤモンド社

The Temptation to Do Good（1984）

『イノベーションと企業家精神』上田惇生編訳、ダイヤモンド社

Innovation and Entrepreneurship（1985）

『マネジメント・フロンティア　明日の行動指針』上田惇生・佐々木実智男訳、ダイヤモンド社

The Frontiers of Management（1986）

『新しい現実』上田惇生訳、ダイヤモンド社

The New Realities（1989）

『非営利組織の経営』上田惇生訳、ダイヤモンド社

Managing the Nonprofit Organization : Practices and Principles（1990）
『未来企業　生き残る組織の条件』上田惇生・佐々木実智男・田代正美訳、ダイヤモンド社
Managing for the Future（1992）
『すでに起こった未来　変化を読む眼』上田惇生・佐々木実智男・林正・田代正美訳、ダイヤモンド社
The Ecological Vision（1993）
『ポスト資本主義社会』上田惇生訳、ダイヤモンド社
Post-Capitalist Society（1993）
『未来への決断　大転換期のサバイバル・マニュアル』上田惇生・佐々木実智男・林正・田代正美訳、ダイヤモンド社
Managing in a Time of Great Change（1995）
『挑戦の時　Ｐ・Ｆ・ドラッカー・中内㓛　往復書簡１』上田惇生訳、ダイヤモンド社、１９９５年
『創生の時　Ｐ・Ｆ・ドラッカー・中内㓛　往復書簡２』上田惇生訳、ダイヤモンド社、１９９５年
Drucker on Asia : A Dialogue Between Peter Drucker and Isao Nakauchi
『Ｐ・Ｆ・ドラッカー経営論集　すでに始まった21世紀』上田惇生訳、ダイヤモンド・ハーバード・ビジネス編集部編、ダイヤモンド社
Peter Drucker on the Profession of Management（1998）
『明日を支配するもの　21世紀のマネジメント革命』上田惇生訳、ダイヤモンド社
Management Challenges for the 21st Century（1999）

〈はじめて読むドラッカー　*The Essential Drucker*〉上田惇生編訳、ダイヤモンド社
『プロフェッショナルの条件　いかに成果をあげ、成長するか』２０００年
『チェンジ・リーダーの条件　みずから変化をつくりだせ！』２０００年
『イノベーターの条件　社会の絆をいかに創造するか』２０００年
『テクノロジストの条件　ものづくりが文明をつくる』２００５年

『ネクスト・ソサエティ　歴史が見たことのない未来がはじまる』上田惇生訳、ダイヤモンド社
Managing in the Next Society（2002）

『実践する経営者　成果をあげる知恵と行動』上田惇生編訳、ダイヤモンド社、２００４年
Advice for Entrepreneurs

『ドラッカー３６５の金言』ジョゼフ・Ａ・マチャレロ編、上田惇生訳、ダイヤモンド社
The Daily Drucker : 366 Days of Insight and Motivation for Getting the Right Things Done（2004）

『経営者に贈る５つの質問』上田惇生訳、ダイヤモンド社
The Five Most Important Questions（2008）

『ドラッカー　20世紀を生きて　私の履歴書』牧野洋訳・解説、日本経済新聞社、２００５年

参考文献

『ドラッカー　教養としてのマネジメント』ジョゼフ・A・マチャレロ、カレン・E・リンクレター（阪井和男・高木直二・井坂康志訳、マグロウヒル・エデュケーション）
『大分断　格差と停滞を生んだ「現状満足階級」の実像』タイラー・コーエン（渡辺靖解説、池村千秋訳、NTT出版）
『強権的指導者の時代　民主主義を脅かす世界の新潮流』ギデオン・ラックマン（村井浩紀監訳、日本経済新聞出版）
『もし高校野球の女子マネージャーがドラッカーの「マネジメント」を読んだら』岩崎夏海（ダイヤモンド社）
『緑色革命』チャールズ・A・ライク（邦高忠二訳、早川書房）
『マネジメントを発明した男　ドラッカー』ジャック・ビーティ（平野誠一訳、ダイヤモンド社）
『国富論』アダム・スミス（水田洋監訳、杉山忠平訳、岩波文庫）
『道徳感情論』アダム・スミス（高哲男訳、講談社学術文庫）
「ドラッカーコレクション　水墨画名作展」パンフレット
『ゆたかな社会』ガルブレイス（鈴木哲太郎訳、岩波現代文庫）
『老人支配国家　日本の危機』エマニュエル・トッド（文春新書）
「エマニュエル・トッド 大いに語る――コロナ、中国、日本の将来」エマニュエル・トッド（「Wedge」2021年10月号）
『ライフシフト　100年時代の人生戦略』リンダ・グラットン、アンドリュー・スコット（池村千秋訳、東洋経済新報社）

『２０５０年　世界人口大減少』ダリル・ブリッカー、ジョン・イビットソン（河合雅司解説、倉田幸信訳、文藝春秋）
『歴史の終わり』フランシス・フクヤマ（渡部昇一訳、三笠書房）
『戦場としての世界』Ｈ・Ｒ・マクマスター（村井浩紀訳、日本経済新聞出版）
『政府は巨大化する』マーク・ロビンソン（月谷真紀訳、日本経済新聞出版）
「Unstash the Cash! Corporate Governance Reform in Japan」（IMF Working Paper, August 4, 2014）
『「追われる国」の経済学』リチャード・クー（川島睦保訳、東洋経済新報社）
『ドラッカーへの旅　知の巨人の思想と人生をたどる』ジェフリー・Ａ・クレイムズ（有賀裕子、ＳＢクリエイティブ）
『ドラッカーとの対話』小林薫（徳間書店）
『年次経済報告』１９５８年版（経済企画庁）
『世界の経営思想家たち』小林薫（清流出版）
『通産省と日本の奇跡』チャルマーズ・ジョンソン（佐々田博教訳、勁草書房）
『日米逆転』Ｃ・Ｖ・プレストウィッツJr.（國弘正雄訳、ダイヤモンド社）
『日本　権力構造の謎』カレル・ヴァン・ウォルフレン（篠原勝訳、早川書房）
「日本企業よ、変化に過剰反応せず知識集約型産業への脱皮を急げ」（「週刊ダイヤモンド」１９９４年10月29日号）
『グローバル・バリューチェーン』猪俣哲史（日本経済新聞出版社）
「最後のチャンスを逃すな」ジム・ロジャーズ（「文藝春秋」２０２２年10月号）
『ドラッカーの講義』リック・ワルツマン編（アチーブメント出版）
「仕事に効くドラッカー」（ダイヤモンド・オンライン２０２０年４月27日〜５月10日）
「人口と世界」（「日本経済新聞」２０２２年５月30日・31日付）

【著者紹介】
小島　明（こじま　あきら）
元・日本経済新聞社専務・論説主幹。2023年3月まで政策研究大学院大学理事・客員教授を務める。1942年横浜市生まれ。早稲田大学第一政治経済学部経済学科卒業後、日本経済新聞社に入社。編集局外報部・経済部でマクロ経済と経済・産業政策を担当。97年取締役・論説主幹、2003年取締役専務。04年日本経済研究センター会長。慶應義塾大学（大学院商学研究科）教授、一橋大学、東京工業大学、早稲田大学の講師、内閣府男女共同参画会議議員、司法制度改革会議議員などを歴任。日本記者クラブ賞、ボーン・上田記念国際記者賞を受賞。新聞協会賞を共同受賞。現在、（一財）国際経済連携推進センター理事長、（公財）本田財団理事・国際委員長、日本経済新聞社客員、（公財）イオンワンパーセントクラブ理事、（一財）地球産業文化研究所評議員。著書に『調整の時代　日米経済の新しい構造と変化』（集英社）、『グローバリゼーション』（中公新書）、『日本の選択　〈適者〉のモデルへ』（NTT出版）、『「日本経済」はどこへ行くのか（1）～（2）』（平凡社）、『平成経済徒然草』（日本経済新聞出版社）など。

教養としてのドラッカー
「知の巨人」の思索の軌跡

2023年5月30日発行

著　者――小島　明
発行者――田北浩章
発行所――東洋経済新報社
〒103-8345　東京都中央区日本橋本石町 1-2-1
電話＝東洋経済コールセンター　03(6386)1040
https://toyokeizai.net/

装　丁…………………橋爪朋世
本文デザイン・DTP……荒井雅美（トモエキコウ）
印刷・製本……………丸井工文社
編集協力………………大屋紳二（ことぶき社）
編集担当………………岡田光司

ISBN 978-4-492-52236-3